アドラー・セレクション

Adler Selection

個人心理学の技術Ⅰ

伝記からライフスタイルを読み解く

Die Technik der Individualpsychologie Ⅰ

Die Kunst, eine Lebens-und Krankengeschichte zu lesen

アルフレッド・アドラー
Alfred Adler

岸見一郎［訳］
Ichiro Kishimi

アルテ

Alfred Adler

Die Technik der Individualpsychologie I

Die Kunst, eine Lebens-und Krankengeschichte zu lesen

Fischer Taschenbuch Verlag, 1974 (Original: 1928)

序言

私はしばしば二十年以上行ってきた個人心理学の治療技術の基本的な特徴、非常に広大な精神病理学、教育学的な領域を説明することを求められた。これまで私がそうすることを妨げてきたのは、常にただ一度きりの形、誰にも固有のケースを正しく評価することを公式やあるいは規則で捉えることが困難であるということだった。それでも私は洞察を個人心理学の仕事場へ広げるという要求が正当であることから逃れることはできなかった。

これまでもこの技術は教育困難な子どもたちのための多くの個人心理学の相談所においてある程度まで示され教えられた。そこで、当然、個性の連関を把握する際の精神を教える十分な可能性があったのである。そして、われわれはすべての問題ある人間の形を貫く統一された形を根本的に確かめることができたので、自ら創り出された基礎において聞き手（聴講者）の実際の総合判断をする力を役立て、それを訓練し、逸脱しないようにする十分な余地が与えられた。その際、技術の種類が問題であるということ、その技術はそれを知らない人にとってはなじみのないもので、ひょっとするとどんな技術もそうであるように、二つがあるように見えることは、おそらく専門用語、心理的な先入観、より簡単な観念にとらわれている人にも無邪気に納得がいくだろう。

しかし、この治療の技術は、ある程度までは叙述でき、たしかに自分自身の人生が人間の出来事の連関への深い洞察を欠いていない誰もが近づきうる。それはコモンセンスにとって絶えず明らかになるだろう。しかし、私にはその技術は最初から拒否することを目標としていたり、あるいは、われわれに過ちがないことを要求する人には閉ざされたままであるように思える。

私が知らない病歴を読み上げ、私が常に私の患者の話を聞く時に私自身のためだけにしなければならなかったように、より多くの人に解釈する十分な予行演習をした後、私は今や伝記を素材としてそれを即興で解釈し、私の読者に講義することに取りかかろう。伝記は私に偶然手に入ったものである。私は著者を知らないし、それにどれほど手が加えられたかも知らない。私が個人的に知っているウィーンの作家が才能のある少女の興味深い作品として届けてくれたもので、本質的ではない箇所だけが変更された。国際個人心理学協会のウィーン支部においておよそ八回の伝記の連続講義を行い、目下の方法で要約することを試みた。本書は私の仕事のやり方を見てもらうのに適しているだろう。無論、その際、私は個人心理学の経験なしですますことはできなかった。しかし、読者が、個人心理学の根本的な見方とは、人間の成長を徹底的に理解し、人間のライフスタイル、その基礎、統一を認識し、それによって、人間の構造における欠点をも認識する道具――われわれが確信しているように今日最善の道具――であると見る時、読者はおそらく、個人心理学の創造的な形成力と教育の技術が、治療において個人心理学の本来の価値を形成し、欠くことができないものであるということも認識したのである。

この本の続編で同様の方法で教育困難な子どものライフスタイルを明らかにすることを私は意図している。

アルフレッド・アドラー

ウィーン　一九二八年八月

目　次

個人心理学の技術 Ⅰ

——伝記からライフスタイルを読み解く

第一章

私が企てたこと——皆さんに伝記をそれの解釈と共に読みあげることは容易ではない。熟慮されたものでもなく、あらかじめ準備されたものでもないからである。しかし、公開の場で、診察室で患者と共にしているのと同じ方法で解釈してみたい。即ち、私はどの言葉からも、それがどんな意味を持っているのか、その言葉を語る人が人生に対してどのように向かっているか、どんなライフスタイルを持っているのか、具体的に〔仕事、交友、愛という〕三つの人生の課題に対してどんな態度を取っているのかを考察するのである。そのように経験によって完成する対人関係の中に置くことで、その人がどのように全体性を目指しているか、どのように困難を解決しようとしているか、どのように最初の四歳から五歳までに自分のライフスタイルを構築したかを観察するのである。

私は、その際、心理学におけるわれわれの経験のすべてを前提にしている。このやり方が科学や技術からかけ離れていると考える人がいるとすれば、その人が間違っている。どんな科学も、またどんな技術においても、そのようなやり方をしているのである。例えば、絵画においても見たところ何本か線を引き、訂正して消しているだけだが、最後には肖像画が完成するのである。

私が大きな病歴の一部分に取り組む時、私はコメントし、多くのことを排除し、多くの新しいことを付け加えなければならない。これが個人心理学の技術である。このやり方の利点は、私がこの〔私が取り組む〕病歴〔の全体〕を知らないということである。

「私は思い出すことができる、父が私によくたずねたことを……」

なぜたずねているのが母親ではなくて父親なのかをたずねることには意味がある。ここで「父」といわれていることには特別の意味があるはずである。この子ども——女の子である——は、母親よりも父親に結びついていた。これにはどんな意味があるだろう。子どもが父親をより好んでいるとすれば、その父親は優しい人に違いない。子どもが最初に結びつくのは母親である。母親がいなくなる時、初めて第二の段階が始まる。母親が最初に甘やかしたのである。それなのに、母親は父親との競争に勝てない。

「『大丈夫か。どこか痛いところはないかい？』」

並外れて優しい、甘やかす父親だったに違いない。子どもの早期回想についてのわれわれの経験は、この少女はことのほか甘やかされた子どもだったに違いないことを教える。われわれは、この少女はいつも甘やかされることだけを求めようとするだろうということ、いつも注目の中心に立とうとするだろうということ、自分に注目を向けようと絶え間なく試みるだろうということを予感する。このような子どもは、自分を甘やかす人（父親）と共生の連関の中で生きているので、他の子どもによって自分が排除されなければならないことになると面倒な事態が生じるだろう。その時、他の子どもを排除する強い傾向を指摘することができる。他の人を嫌悪すること、批判的な態度を取ること、他者への関心が欠如していること、新しい状況において面倒な事態に陥ることが見られるのである。この甘やかしは、父親の性格などに原因があることもあるが、子どもが特別の地位を占めたということによることもある。一人っ子だったか、特別の困難な関係の中で育ったか、器官劣等性のある子どもだったかもしれない。また、やかましい兄弟の中で育ったただ一人の女の子だったとか、あるいは、末子だったということもありうるだろう。

「私には何もかもうまくいかなかった」

患者の報告を言葉どおりに受け取る必要はない。われわれは患者自身ほど報告に影響を受けてはいけない。報告の意味はこうだ。〈私は病気の子どもだった〉

「私はいつも熱があった（そんなことはほとんど信じられない）――だから手はひどく熱くかさかさしていたので、舌で湿らせないといけなかった」

われわれは熱があって乾燥した時に、舌を使うよりも適切な方法があることを知っている。環境に正しく適応していない時に、子どもたちが舌を使うことがしばしば見られる。父親がそのことに好感を持たなかったことはたしかである。少女はそうすることで父親の注目を自分に向けたのである。そこで、さらに次のような特徴がある。少女は様々な方法で自分を注目の中心に置こうとする傾向が強いということである。

「父が後に話してくれたところでは私の命は風前の灯火だった」

健康なのにこのようなことを話す人は多い。私の命も「風前の灯火だった」。後になって、これは本当ではなかったことがわかった。われわれは診断については何も聞いていない。ただ食が細いひ弱な子どもだったことがわかるだけである――しかし、食が細かったのは甘やかされていたからであるということは明らかである。拒食は注目を自分に向けるのに役立つことをわれわれは知っている。

「食欲はなく何も食べられなかった。食べても味はしなかった。紙や草であるかのように、まわりを囓っただけである」

患者は皆われわれの講義を聴き、本を読んだかのように話す。

「医者のところへ行った時に、両親がどんなふうに訴えたかはぼんやりとしか覚えてない。断乳させるためにどんな試みがされても、おいしかったのは母乳だけだった。断乳に必死で抵抗したということだった」

ここで、並外れて洗練された文体で書けるのに、上級学校に進まなかった少女が問題になっていることが注意を引く。

「そこで、私は異常に長い間、丸五年も母乳で育った」

これはおよそありそうもない。しかし、二年だけだったとしても、この少女は並外れて強く母親に結びついていたといえる。これは先に述べたこと、つまり、父親と結びついているのは既に第二段階であるということが正しいことを証明する。乳児期に扱いが適切でなかったことが母親に別れを告げたことの原因だったのかもしれない。二歳の子どもが母親から引き離されるというのは悲劇である。

「いまだに私は母の美しい胸を目の前に思い浮かべることができる」

この子どもが本当に思い出したかはたしかではない。このようなイメージを後になってから形成することはできるからである。しかし、この子どもの関心が他の人に没頭することに向けられているのがわかる。少女は母親の胸から離れなければならないことをつらかったこととして受け止めている。今日まで母親の不正に固執しなければならないと信じている。

「私は既に恥ずかしいと思っていた。誰かが私たちのところへやってきたら、私は母の耳元にささやいた。おっぱい飲ませにきて！」

「母は誰も私たちを見ていないどこかにすわらなければならなかった」

子どもはそれが恥ずかしいことだと知っていたわけである。

「母が亡くなった最初の夫の親戚がいるＧへ行った時、私に何が起こるかと皆は途方に暮れた。姉が私に母乳を飲ませるふりをしようと思ったが、私は『お母さんのとは違う』といった。『お姉さんはブロンドだけど、お母さんは黒。私はブロンドの髪はいらない』」

われわれはここで〔この少女の〕人の選択について少し知ることができる。彼女は母親に結びついているが、その際、彼女が人を選ぶ時に重視する基準は、われわれにとっては本質的ではないことである。さらなる説明の中でどのように人は愛する人を選択するかを話すことになるだろう。

「私自身の髪は黒かった」

髪についての話は二度目である。これは髪を過大評価していることを意味している。

「父は私に前髪を切らせようとした。当時、私は赤い裏地のついた青い襟の服を着ていて、帽子がほしかった。私たちはよく店の側を通りかかったので、私は叫んだ。『帽子、襟！』」

早くに発達する虚栄心と外見を気にかけること、美的な好み、美を高く評価すること。

「私は動こうとはしなかった。ついに母はこのようなショーウィンドウを避けなければならなかった」

子どもは母親に強い影響を持っているので、この策略をめぐらさなければならない。

「母は私を散歩に連れて行く前に、よく父に、私に何を着させたらいいかたずねた」

母親も子どもの外見に強い関心を持っている。子どもがどのように虚栄心の領域に引き込まれたかは容易に理解できる。

「ある日、私は父親の機先を制して、乳母車から『襟』と叫んだ。私は初めての靴がうれしくて、靴を履いたらすぐにドアから外へ走り出て一目散に逃げたかった」

これは靴を安全な場所へ移す試みである。

父親は布きれのマイスター、つまり仕立屋である。家族全体が外見を観察することに注意を向けているのである。これは生まれつきの傾向ではなく、家族の雰囲気の中にあった。

「家にはたくさんのボタンがあった。私はそれを使って一人で遊んだ。ボタンは私のお金だった」

子どもは働くこととお金に早くから関心を持っている。

「それから私は絹の継ぎ布で遊ぶのが好きだった。はさみで穴を開け、人形の腕を差し込んだ」

仕立ての仕事への準備である。

「私はまだ人形でよりもビール瓶で遊ぶのが好きだった」

子どもは機械的なおもちゃよりも空想する試みに向かうのを好むことをわれわれは知っている。

子どもは模倣へと向かっているが、それができるのは子どもが共感し、父親と母親のもとで観察した役割を演じる時である。子どもは服を作る時に父親を模倣している。

「私は引き出しを探し出して、留め金で遊んだ」

子どもは大きな自由を持ち、あらゆるもので遊ぶことができた。

「私は独り言をいうのが好きだった。私は何時間でも誰かの真似をすることができた」

仕立業と話すことは模倣されるだろう。医師も料理人も模倣される。このような子どもにとって、早い時期にある役割への感情移入を訓練をする本来の仕事は何かを問えば、「俳優」といわなければならない。多くの人が仕事に向けて準備をしているが、仕事について何も知らないので、実際には仕事に就かないということがしばしば見られる。

「私はパン屋も模倣した。私のパン屋は、引き出しと夜ベッドへ持ち込んだ古いパンの残りだった」

何かになるという集中的な傾向。子どもは夜にもパン職人になろうとしている。

「後に私は先生ごっこをした。その時、私は私の先生のように手持ち片眼鏡を使った。私は赤いパーチメント（硫酸）紙を持っていた。父の現金出納簿が出席簿だった。古い紙は学校用ノート、長椅子の背もたれが黒板だった」

シェークスピアの舞台を見ているようである。

「私は反抗的な子どもたちを脅かし、非常に大きな声で叫んだので、父は私にそんなに興奮してはいけないと叫んだ」

病気についてはあまり聞いていないが、彼女は父親の注目を自分に向けてきている。

「コーヒーミルで手回しオルガン弾きを演じた」

空想、模倣の強い発達。

「私たちの家には二人の老人のものだった石炭商店があった。私はそこで木を積み重ねたり、私が家で口にしなかったであろうもの、例えばザウアークラウト（発酵させた塩漬けキャベツ）やクネーデル（つぶしたジャガイモをだんごに丸め茹でたもの）を食べた。そこで食べるのが好きだった」

拒食は、反抗することで効果的に自分に注目を向ける試みである。

「石炭商人は私に誰と結婚するのかとたずねた。いつも私はいった。『お父さん』と」

ここに近親相姦的な態度を認めることを思いつく人もあるだろう。しかし、この子どもが長年、性的な関係について知らず、また何も知ろうとはしないで、しかも、男性に対してそれほど拒否的ではない環境にいるにもかかわらず、男性に対して身を守っているのを見れば、ただ父親に対するこの関係においては何か無性的なものがあるという理由から、結婚を考えることはありうるといえる。

「父を私は大変愛していたが、父に嫉妬もしていた」

嫉妬が常に性愛の現れでしかないのなら、われわれは間違っていることになるだろう。しかし、権力欲から由来する嫉妬も存在するのである。

「母が父を愛撫している時、私はよく二人の間に身を投げ出し、父の髪に軽く触れ、シャツの袖の上のほうを撫で、腕にキスをした」

これが性愛だと信じる人は、そこから先には進めない。われわれの説明は、唯一心理学的な説明であり、純粋に性的な考察の上に立てられた説明は失敗する。

「私はいたずらっ子だったので、母は弟か妹をコウノトリに注文すると私を脅した。私は叫んだ。外へ捨てるから、と」

ここで嫉妬ははっきりと力の追求によって引き起こされていることが示されている。

「コウノトリを私は大いに尊敬していた。それを驚嘆のまなざしで見た。私はまさにそんなコウノトリが馬鹿みたいな子どもを運んでくるということが理解できなかった。学校では子どもはお腹から出てくると聞いた。どこを通って出てくるかは私にははっきりわからなかった。結婚した時に注文しなければならないと考えた」

子どもの誕生については手がかりがない。

「父は、Ｆに旅行した時、いつも何かを買ってきてくれた。おもちゃや絵本を……父は私を膝にのせて、それを読んで聞かせてくれた。二十一年後の今も、その中の一文を思い出すことができる。『あなたたちは敏捷なノロジカが草を食むのを見る』。父は私に読んで聞かさなければならなかった。私はすべての行を正確に覚えた。Ｓカフェで皆が読んでいるのを見た時、私の本を持っていって、詩を私の前で声を出して読んで、といった。二人の女性がこんなに小さな子どもがもう読めることに大いに驚いた」

「父は絵葉書を送ってくれたが、私にはいつも二枚の、そして他のよりもきれいな絵葉書を送ってくれた。でも、皆が私に絵葉書をすべてくれるまでは寝なかった」

すべてを持ちたいことは強い劣等感の現れである。

「病弱だったので、まわりの人は私のいいなりだった」

この少女はライフスタイルに基づいて病弱であることを今後も優越性の追求のために使うだろう。

「私はよく病気に、咽喉カタルになった」

大山鳴動してネズミ一匹。

「私は子ども病院への道を覚えている。喉の中を見せるのがいやだった。スプーンが怖かった」

医師を排除する傾向。甘やかし。ぐちっぽいこと。

「窒息するのではないかと怖かった」

この少女がこれから先の人生においてどのようにふるまうか想像することができる。

第二章

「一年中、百日咳になった。半年はひどくなるが、半年はましになる」

少しでも医学の勉強をした人がこれを聞いたのであれば、ここから彼女が病気を大いに尊重していることが読み取れる。百日咳は十二ヶ月も続かない。病気がうやうやしく叙述されている。いかに病気が甘やかされた子どもに作用するかを考慮しなければならない。甘やかされた子どもは病気であることを好み、尊重する。病気であれば以前よりもさらに甘やかされるからである。われわれはこの事実が強調されることを期待する。このような子どもはなぜこのような状況を重んじるのだろうか。それを見て取ることは容易である。どんな甘やかされた子どもも強い劣等感を持っているのである。このようなシステム（母親 - 子ども）は、共同体で生きることにとって適切ではない。

「ある時、ひどい喘息の発作が起こったので、浅い眠りの中で戸棚によじ登りたいほどだった」

誇張している。

「病弱だったのでほとんど外出できなかった。そこでクッションにすわって外へ連れられた。皆が私をよけた」

甘やかされた子どもはそんなことは何とも思わない。

「子どもたちは私から離された」

子どもたちはいつもこのような光景に目を向けないようにされる。

「医師が川風にあたることを勧めたので、アルトドナウへ旅行した。私は川を渡った。咳をした時に何度ももどした。発作の度に倒れ、死んだようになった」

甘やかされた子どもは、発作をとりわけはっきりとしたものにするのであれば、どんなきっかけでも求めるものである。子どもを甘やかせば甘やかすほど、病気は重くなるように見える。この子どもの百日咳は治らないだろう。

「時折、私は父が、私に何かが起こったら、自殺するだろうというのを聞いた」

父親は夢想家である。この子どもは、父親が自分を心から愛していることを知っている。そして、父親をどうすれば支配できるかも知っている。

「不安な父の目は常に私に置かれた……父は晩にも私の身体を洗った」

甘やかされた子どもは自分では何一つしない。他の人が手伝わなければならない。

「私は父が大変怖かった。いつも抵抗した」

これは生まれつきではない。異常性でもない。この子どもはあらゆることを大げさに見る。身体を洗うことは事件なのである。それは父親に、この子どもといる時はひどく緊張しなければならないことを教える。

「私がもっとも怖かったのは足の爪を切ることだった」

これは拒食と同じ傾向である。手こずらせる子どもは甘やかされた子どもである。

「その時、私は足の指が切られるかのように泣き始めた。頭を洗うのもいやだった」

どの子どもも同じことをする。しかし、これはユングのいう集合的無意識ではないし、フロイトのいうような個体発生における系統発生の繰り返しでもない。それは子どものふざけでしかなく、たとえ父親も母親も同じような行動をとってきたとしても遺伝ではない。

「リーナ（姉）が足を洗った時、あらゆるほうへと這って行った。そして、下からのぞくためにスカートを高く上げた」

早い性的な好奇心。

「大きくなってベビーカーに乗らなくなってからは、私は両親のところで寝て、次のようにしてベッドに入った」

甘やかされた子どもは寝る時に騒動を起こす。今や子ども - 母親のシステムが壊れるからである。ベッドに入っていくことが詳細に叙述される。

「最初、父は私を抱きしめ、ダンスをし、歌わなければならなかった。その歌は次のように繰り返された。『我が子よ、私を信じなさい、どんな妖精もお前ほど愛らしくも、美しくもない』」

父親によって美しいことを高く評価するようになったのである。

「父はクッションを揺さぶってトントン打って、クッションを真ん中に置き、私を隠さなければならなかった」

甘やかされた子ども。

「私は母の横で寝たが、母が別の場所にいた時には父の横で寝た。父はクリスマスイブに使われたベルを私にくれた。私が不安になって母のことに思いを馳せる時に鳴らせるようにである。ベルを鳴らすと父は明かりをつけ、リーナが走ってやってきた。それで私はもう一度寝た」

夜驚症、子どもの不安には目的があって「ベル」という意味がある。精神分析は夜驚症を両親のセックスに聞き耳を立てることの作用と見なす。これはユーモアを欠いている。このような子どもたちはずっと先まで行く。ある種の機能をおろそかにすること、夜尿症、何かが起こらないように用心することも「ベル」の代用である。

このような事実と現象を並べることから同じ基準に従って配列されるスケールが明らかになる。

それにしたがって複雑な現象も単純な現象と同じように理解することができる。

「私たちのところには二人の下宿人がいた。一人はナジーという名前のハンガリー人の理髪師だった。彼は不自由な足を引きずって歩いていた。私は彼が怖かった。触ろうとしたので、私は走って逃げて隠れた」

人の間で失敗するのではないかというすぐに膨らむ子どもの不安。これは、この子どもが一人とだけ結びついていたことを考えれば理解できる。環境についても、このような不安を抱くということがある。われわれの文化は残酷である。両親はしばしば子どもが物もらいを見ないように無理矢理連れ去る。そこで同情の代わりに不安と反感が生じる。

「ある時、私は人形を持ってソファにすわっていた。そこへ理髪師が入ってきて、私を撫でた。私は硬直性痙攣を起こしたかのようになった。リーナも父も死ぬほどの恐怖を感じた」

これは失神の発作だったと思われる。そのようなことが起こったのは理解できる。なぜなら、父親を例外としてどんな人も排除してきたからである。とりわけ、奇妙で人目を引く人を排除する。私は一歳半の子どもたちを知っている。彼〔女〕らは美しくない人や美しくない服を着た人を見ると激しく泣いた。この場合、美しいことを高く評価することだけに罪があるのではなく、慣れていないことにも関係がある。甘やかされた子どもたちは、容易に見慣れないものを目にするので、いっそうショックを受ける。

「足が湾曲しているその人はカフェにも入っていった。私は震え、父親の後ろに隠れ、頭を父の膝の間に隠した。時には私は連れ去られなければならなかった」

面倒なことを始める。両親は静かにカフェですわっている。ところが親にやっかいな仕事を与える。そして、彼女を連れ去らなければならなくさせる。

「時々、私たちはレストランへ出かけた。そこでは軍歌が演奏された。指揮者が指揮棒を上げて突然音楽が始まると、私はショックを受けた。父はいつも私を連れて外へ出て行かなければならなかった」

　彼女は父親に仕事を与えている。これまでと同じ線上の行為である。われわれはそこからなお何かを読み取らなければならない。最初のケースでは視覚の印象、二番目のケースでは聴覚の印象である。この少女は視覚タイプであるだけではなく、聴覚タイプだったことが仮定できるだろう（父親が歌って聞かせたこと）。

「私は羽毛が怖かった。それをベッドの中で見ると、怪物であるかのように私は叫んだ」

　恐怖は甘やかされた子どもの発生史から知られている。この気分がどのように準備されるか、そこから恐怖を引き出せるあらゆることに彼〔女〕らが関心を持っているかをわれわれは知っている。これを他の仕方で解釈する理論がある。精神分析では、抑圧された興奮、後期精神分析では、分娩行為と解釈する。これはこのような非常に知的な機能の余地がない状況だろう。少女は恐怖を克服するために父親に助けを求めて叫ぶ。この伝記においては、恐怖をかき立てる機会が不断に問題になっている。

すべてはライフスタイルのために利用されているのである。

「五歳の時、人形と遊んでいる間、私は自分の意志に反して両親と神に悪口雑言をあびせなければならなかった。くそ、とか畜生とか」

この子どもの中にどのようにこのような憎しみの反応は起きるのか。精神分析家ならいうだろう。これは生まれつきであり、サディズムだ、と。今、私は皆さんにたずねたい。既に見てきたところからわかるように、この少女は甘やかされた子どもである。一体、どんな手段で〔子ども-母親の〕システムの崩壊に対して抵抗するだろうか。五歳の時に何が起こったのだろうか。五年間、少女は甘やかされてきたと信じていたのに、甘やかされなくなった。突然、強迫的な考え、つまり両親と神を罵倒しなければならないという考えが起こった。これは甘やかしの拒絶である。子どもは悲劇を体験した。われわれは少女が怒りを爆発させたことを理解できる。その爆発をわれわれはどの子どもにも発生させることができるだろう。

「まさに私がしたかったことに対して激怒しなければならなかった」

この悲劇こそが、今やわれわれが知っているように原因である。

「私に悪魔がささやいたかのようだった。自分を抑えようとすればするほど、私はいっそう罵倒した」

これはどんな患者も示すメカニズムである。われわれの答えはこうだ。そんな時は抑えようとしないこと。われわれは精神病者がどのようにふるまうかを考える。何が明らかになるだろうか。この〔強迫的な〕考えが強ければ、自分には責任がないと考える。これは強迫神経症者がする完全な自己正当化である。なぜそうしなければならないのか。他の手段を持っていないからである。母親に無理をいいたいのだが、母親は拒み、何とかすることは簡単ではない。父親は説得しやすい、しかし父親はこちらに向いていない。「でも私は元気になりたいんです」と患者はいう。「したい（なりたい）」というのは、病気であるということの証拠である。われわれは「したい」を問題にしない。われわれ個人心理学者は、他の心理学と違って、したいことに対して批判的である。したいと思っている間は何も起こらないのはたしかである。したいこと（意志）は行為の前段階であるとする心理学全般とはまったく相容れない。われわれがしたいと聞く時は、何も起こらないことを確信している。何かが起こる時には、したいということについては何も聞かないのである。

「緊張するとしばしば顔が赤くなった。そして何も起こらなかった。自分自身にいいわけをするために、私は自分にこういった。父は犬ではない。総理大臣だ」

強迫的な考えの悪用、無用な態度である。

第三章

この神経症のケースは互いに似ていて、人類は多くの変種を創り出すことができないように見える。われわれはそのことをとりわけ強迫神経症に見る。

「それにもかかわらず、強い良心の呵責が私を襲った。私は両親を見て思った。私が親にどんな侮辱的な名前をつけているかを知っているなら、と」

個人心理学を学んだことのない人でこれを考察する人は誰でも、どのように彼女があわれな両親を気の毒に思っているのかを考えることがありうるだろう。この少女は注目の中心にいたかった。この傾向を捨てることはできず、われわれは別の解釈をする。この少女はいつも先頭に立とうとし、今もそうしている。「どんな侮辱的な名前をつけるかをわかっていれば」というのは優位であることを意味している。即ち、あなたたちは盲目で、何も理解していないということである。もしも彼女が同じ連関で罪悪感について語るならば、フロイト派の誤りについて考えなければならない。フロイトにおいては、良心の呵責を引き合いに出すことが特に好まれる。しかし、良心の呵責は偽装された劣等感である。われわれは違った認識をしている。少女は他の人よりも上に立ちたいのである。「父は犬である」というのは次のことを意味している。私は犬以上よ！　良心の呵責を持っていたとしても、事実には何の変わりもない。むしろ反対に、この良心の呵責は彼女が無価値にする傾向に従おうと努力していることを確認する。無価値化傾向は、自分が弱いと感じている時にだけ見られる。気が弱い人にとってそれは自分を他の人よりも高いところに置き、他方、他の人を過小評価することで優越感を明らかにすることを可能にする代償である。それは無価値化傾向によってのみ達成される。人が良心の呵責を感じる時は、距離は決して変わらない。この良心の呵責はニーチェが判断しているように解釈できる。「良心の呵責はいかがわしい」。良心の呵責がナイーブな哲学者が表していることを表しているのなら、そのことで態度が変わるのでなければならない。それは有用でない活動性の継続である。

「両親にそのことについて話すことはあえてしなかった」

無価値化の強化に他ならない。

「私が父を過小評価しなければならないことは怖ろしいことなので、私はあえて父と話そうとはしなかった」

プロセスの全体は、彼女自身にだけ妥当し、彼女が他の人よりも優れているという感情を持っている時、それで十分なのである。多くの神経症者は、それを他の人にも示したいと思うが、それでも神経症的な努力は自分自身もそう感じ、自分は他の人よりも優れているかのような感情を創り出すことへと向かう。

「私はこの考えから逃げたかったが、繰り返し私を捉えた」

父親はこれをどうすることもできなかった。

「その上、私は夕べの祈りの時、もう一度祈り始めなければならなかった。怖かった」

この具体的な描写、強調、徹底的な無価値化傾向は無から何かを創り出すという神経症の本質に属している。これは神経症者を神に近づける。

「学校に行って初めて、それは次第にやんだ」

何かがやむということをしばしば聞くことになるだろう。良好な状況が始まる時や問題に直面していない時である。私は父親以上であるか、そうではない。おそらく父親の甘やかしが再びより強く始まる。

「私は非常に早く、既に六歳か七歳の時に不眠症になった」

このようなことを聞けば、われわれの経験を思い出すだろう。不眠が誰にも気づかれないままであることはなく、まわりの人との関係が問題になるのは明らかである。子どもが不眠症になれば、父親と母親は直接関わることになる。引き寄せられ、不眠に関与しなければならない。夜に関連する障害は、夜も甘やかしを享受したい子どもたちによく見られる手段である。寝る時やベッドに行く時に大騒ぎする、夜驚症になる、おねしょをする、熟睡できない、寝言をいう、夢遊する、これらはどれも同じである。いずれも「私に注意を向けなければならない！」という意味である。それらはすべて、そこから推論できる小さな変種である。ちょうど発生学において、くるぶしから鳥の形を確かめることができるのと同じである。夜はまわりの人を忙しくさせるために使われる。

「私はなかなか寝られず、朝は一番に起きた」

眠りが、すべての甘やかされた子どもたちの大敵であるというのは間違いない。大人の神経症者も他の人が寝ると怒る。神経症においては、このような障害が強く現れる。

「私の眠りのこの障害について、父は何もしないわけにはいかなかったので、父自身ももはや眠ることができなかった」

　解釈はこのようにすぐに確認される。

「私は眠っているふりをした。父が爪先立ててこっそり入ってきた時、私はゆっくりと深呼吸し、息を吸い、吐いた」

　愛情に満ち、優しく見える。子どもは父親に対してある愛情も持っている。やりすぎたと思った時には譲歩することもある。しかし、この少女は愛されていると感じた時に既に安心することができた。父親がそっと入ってくるのを見れば、それから一晩中眠れなくてもおそらく妥協することができた。父親を強制させるところまでやれば私は満足だ、と。

「私たちが住んでいたのと同じ階に、小柄な仕立て職人が住んでいた。たくさんの子ども——女の子が四人、男の子が二人——がいた。その男の子のうちの一人であるポルディは私と同い年で、私は彼と一緒に遊んだ。彼は汚くて裸足の不良少年だった。私は彼の真似をした」

無邪気で無害に見えるけれども、男の子を真似たというところが重要である。もしもさらに思考過程を明らかにすれば、男の子に変わるという傾向を見出せることは疑いない。これはちょっとした反抗である。この少女が先頭に立とうと努める時、そのことは少女の役割をきっぱりと受け入れることとは相容れない。「私が男の子だったら、もっと楽にならないだろうか」

父親は家族の中で母親より上に位置していた。

「中庭には大きな砂山があった。そこで私たちはお店ごっこをした。砂が食料品だった」

ここで遊びを描写する作家の才能の表現と見なされる何かがある。ここで遊びの意味について語ることができるだろう。カール・グロースは『子どもたちの遊び』という著作の中で、遊びという言葉をどう理解しなくてはいけないかを非常に鋭く指摘している。私はこの本にしたがってなお遊びの欲求について語ることができるかわからない。遊びの欲求は未来の目標〔の設定〕に役立っている。ドストエフスキーは、子どもの遊びの中に常に未来の傾向がある、といっている。われわれ個人心理学者は、思考過程をよく理解できる。子どもたちは大人が持っているような普通の力を持っていない。子どもたちは、大人であるふりをするためにトリックを使う。

「家にはボール箱を作っている人が飼っている番犬のベッロがいた」

通常、子どもたちの犬との関係は良好である。なぜなら、犬は子どもたちの認められたいという欲求に応じるからである。即ち、犬は子どもたちに従い、支配されるからである。認められたいという欲求が強く現れる子どもたちは、犬に強く引きつけられると感じる。子どもが、母親にだけ世話されたいと思う時には、これは違ったふうになることがある。母親をいつも自分に仕えさせるために犬を怖れることを利用するのである――われわれは、この子どもが犬に引きつけられていると感じていることを予想するだろう。

「小さな車を引っ張っていたこの犬は、馬肉のフライスシュヴルスト（ソーセージの一種）をたくさんもらった。ソーセージが小屋のそばにあった。ポルディはそれをくすねるのが好きだっただろう。犬はしかしソーセージをほしがらなかった」

子どもたちは犬に好かれてない。

「ある時、ポルディは慎重に犬小屋までそっと歩いて行った。ソーセージを包み、大急ぎでがつがつ食べた。そのことが私を大いに喜ばせた。私は彼にいった。『ソーセージは便のそばにあった。それなのに、あなたは残さず食べた』」

ここでわれわれは無価値化傾向をまたもや見る。「ソーセージは便のそばにあった」――他の人よりも上にあろうとする傾向を捨てることはなかった。

「彼にとってはどちらでもよかった。厚紙箱を作っている人は、布の幌のついた大きな車を持っていた。時々、その車で私たちを連れて行ってくれた。私たちは車の中にすわっていた時はいつも幸福だった」

男の子と一緒にいる傾向。

「二階には二人の売春仲介者が住んでいた。彼らのもとには、多くの売春婦が住んでいた。彼女たちは十一時になってようやく、あるいは、午後になってから起き出してきた」

他の人がきれいな服をきたり化粧をしているのを見ると、多くの子どもたちは刺激される。多くの子どもたちが惨めな道へと誘われたことは理解できる。このような方法で子どもたちに優越性が具体化された時、遊びの中で売春婦の仕事を準備したとしても、われわれは驚かないであろう。子どもたちにこの道を断念させることは困難であろうが、その際、多くの人が行く手を阻んでいる。

「売春婦たちは、しばしばたばことビールを買うために、窓からお金を私たちに投げた。私は玄関の間しか見ることはできなかったが、そこが気に入ったし、調度品も私には非常に好ましいものだった」

売春婦たちは、庶民の間では育ちのいい市民におけるほど軽蔑されてはいなかった。これが売春の道に入る人が減らないことの理由であることが理解できる。子どもたちが彼女たちと同じ地域で共に住まないようにしなければならないだろう。それが困難なのは、売春はわれわれの社会組織が整備したものであり、世の中に認められ、それをうまく処理する手立てを持っていないからであって、われわれの共同体における生の構造が、売春を職業にする可能性を許すからではないのである。

「廊下の窓から彼女たちがどんなふうに身支度しているかを見ることができた。肺病のように見えた一人を私は気の毒に思った。彼女は髪を整え、化粧をしていた。服を身につけると、彼女は窓のところにいる時とはまったく違って見えた。平凡な人もいた。上から罵りすさんだ生活をしていた」

これは明白な拒否である。売春への道へと踏み出すとは予想できない。

「リーナについてのちょっとしたことをいくつか思い出す。私たちは『万人のための書』を講読していた。リーナは小説を読み、続きを読みたい、といった。彼女はいつも届いてないかとたずねた。父はそのことを好まなかった。そこで雑誌があることをいわずにおくことを私たちと取り決めた。私はそのことを約束した。それでも雑誌が届くと、私は叫んだ。『万人のための書』がある！」

彼女は服従することができず、反抗したのである。

「ある夕方、リーナは文例集を使ってラブレターを書いた。父と母は台所にいて、リーナは出ていったに違いなかった。私はベッドから跳ね起き、手紙に染みをつけ、それから頭から毛布を被った」

害を加えようという意図。他の人が知らない何かを知っているという勝利。

「リーナは染みを見ると大声で泣いた。しばらくすると、彼女はまたいなくなった。私は作戦行動を繰り返した。私は手紙にぎざぎざをつけた」

「私はあらゆるやり方で彼女の真似をした。リーナは私よりも九歳年上だった。私には二人目の母親のようだった」

彼女はよい人を母親の形でだけ思い描くことができる。これは甘やかされた子どもの特徴である。

「私はリーナの筆跡を真似ようと努力した。彼女の三角形のカーブが気に入っていた。父は私の手にふさわしいように書くことを望んだ」

模倣欲求というものはない。子どもは認められたいという努力を達成するあらゆる可能性を利用する。九歳年上の姉を何かで真似るという時、このことがわれわれにヒントを与える。子どもにとって都合がいいことだけが真似られるだろう。

「子どもの時、教会の階段をいかに上手に走って昇ったり降りたりするかという習慣があった。母は私を力ずくで家に引きずって帰らなければならなかった」

これはおそらく動きたいという欲求か、あるいは、この子どもは母親が追いかけるために走るのである。

「父親は非常に敬虔だった。父は、私が小さかった時から、教会の前で十字を切ることを私に教えた。私に聖人画をプレゼントしてくれた。聖人画を集めることに鞍替えした」

ここで子どもたちの集める欲求について話すことができる。それは強く現れる。意味のない収集をする子どもがいる。そのようなものを集めれば、認められたいという欲求が満たされるからである。

「私は聖人画をたくさん持っていた。夕方、私はそれを二列に私のクッションの下に広げた。天使も置いた。そうしなければ、私は眠ることができなかっただろう。私は、長い間目が閉じるまで祈った。私が好きだったすべての人、祖母、叔父、叔母のために祈った」

このようなふるまいは容易に子どもに被害を与える。「私はすべての人のために祈った」とは何を意味するのか。「私は彼らの運命を掌中に収めている」という意味である。このような子どもは、自分は他の人よりも高いところにいるかのように感じている。これは祈りの強迫と連関があり、そのような強迫はしばしば強迫神経症に見られる。

（裕福だったある男性が三人の貧しい姉妹を支えなければならなかった。それは彼にとっては重荷だったので、姉妹を支えることに反感を持っていた。彼は姉妹を保護し、焼け死ぬことがないように神に祈った。祈らなければ眠れなかった。彼は姉妹が焼死しなかったので毎日非常に満足した。「私は彼女たちの人生を私の掌中に収めている。私には責任がある」）

「クリスマスは大きな出来事だった。父は私をカフェへ『天使の姿をした子どもがすべてのものを持ってくるために』使いにやった」

この子どもはそのことに抵抗し、騙されないようにしているように見える。

第四章

本当の心理学はどこからでも始めることができ、何度も繰り返し同じ結果に到達し、すべての兆候を貫いている有効な糸を見出すに違いない。

「家には陰気な雰囲気があった。両親はまたもやひどい喧嘩をした。しかし、私はもはや何のことで喧嘩をしたかを思い出すことができない」

注目の中心に立っているような子どもたちは、親の喧嘩に耐えることができない。親が仲良くなることを願っているからではなく、他の人たちが互いにしなければならないことがある時、自分が閉め出されたと感じるのである。彼〔女〕らはしばしば他の人の喧嘩に反対する。その喧嘩が何をめぐってなされたのかは覚えてはおらず、ただ喧嘩をしたということだけを覚えている。

「父は私に部屋の中にいて、天使の姿をした子どもがまさに飛び去っていくのを振り返って見るように命じた。そこで私は振り返った。リーナが私の手を取った。突然、鐘が鳴り、私たちは部屋の中へ走っていった」

個人心理学者にとって興味深いのは、このような話を子どもたちにしてもいいのかと考える人がいるということである。あまり心配することはない。性的なことであれ他のことであれ、説明を求める子どもは的を外す。子どもたちはそれをたいした問題だとは思わず、よくある馬鹿げたこと、話し方と取る。私は、天使の姿をした子どもが飛び去らなかったことを見抜いて興奮した子どもを一度も見たことがない。人は子どもたちにあまりに多くの童話風の話をするが、どこまで話していいのかという問いは開かれたままであることを知っている。多くの重大な事柄をそれと結びつけることなく、子どもを制限しようと試みるのでなければ、教育の主要な問題ではない。

「光が点った大きなクリスマスツリーがテーブルの上に置かれていた。その前には台架のついた大きな木の板があった。人形もあった。当時、絵本ももらったと思う。私は贈り物に飛びつきそれに驚嘆した。私はすぐにチョークでなぐり書きを始めた。まだ字を書くことはできなかった」

見えるものに強い注目をすると語ったことを思い出す。おそらくここでそのことが確認されている。この叙述は、後になってなされたものであっても、本当のものではなかったことがわかったとしても、この子どもが見えるものに大きな関心を持っていることを示している。

「リーナはアルバムと赤い帽子をもらった。私は人形のために寝椅子の上にベッドをしつらえた。寝る前にわざわざ起き上がって人形がちゃんと横になっているか確かめた」

「確かめた」というのは、この思考過程が正しいことの確認である。

「翌年、隣に住んでいたミリーが、祝いの言葉を書いて両親とリーナを驚かせることを勧めてくれた。私は便箋を買って、天使と金箔をのりで貼りつけて飾った」

この少女は装飾に適性があることがわかる。彼女については何から始めるべきかとたずねられたら、われわれは描くことの方向で彼女を訓練するようにというだろう。仕事の助言をする際、この線を覚えておかなければならないだろう（仕立屋あるいはデザイナー）。

「ミリーはブナの実を持っていた。その中にクリスマスの願い事が入っていた。彼女は一番小さいブナを三つを選んで、すべてを書くために準備した」

この少女は人と結びつく能力を持っている。

「彼女は私に一つ一つの文字をいってくれたけれども、私はたくさんの便箋をだめにしてしまった。何度も繰り返し新しい紙を取ってくるために走っておりていかなければならなかった。ついに完成した時は本当に嬉しかった。手紙には失敗したところがいっぱいあった。でも両親とリーナは喜んでくれた」

子どもが援助され、愛されていることがわかるだろう。この少女は甘やかされることに慣れている。困難な状況に入れば並外れて鋭く反応し、彼女の腹違いの姉であるリーナほど耐えられないだろう。彼女は温室栽培植物のようだ。問題を前にし、与えなければならないのに受けることしかできず、守られた状況にいるのでなければ、無力であることをさらけだすだろう。

「私はきちんと書けるようになると、すぐにイエスの姿をした天使に宛てて非常に従順な調子で長い手紙、ほしいものの完全なリストを書いた」

この子どもが期待する態度であるとするわれわれの解釈が確かめられるだろう。

「私はイエスの姿をした天使が、世界の終末の日、クリスマスの市で買い物をするために天から長いはしごで降りてくるのを想像した。私はその天使を雲に包まれた美しい青い眼をした子どもだと思った」

視覚タイプ――

「クリスマスの市とほとんど同じほど重要な祭りは、聖体の祝日だった」

「ある時、父が私が天蓋の下で小さな天使として歩けるように寄付をした」

祭りを楽しめる。

「前の晩は興奮してほとんど寝ることができなかった」

決心を前にした緊張が膨らむ。

「五時には目が覚めてしまい、窓から天気がいいかどうか外の様子をうかがった。木を打ち込むハンマーの音を聞き、草がどんなふうにまかれたかを見た時、私は本当に嬉しかった。七時半に父は私を行列の集合場所へと連れて行った。私は王冠と翼のついた天使の衣装を着た。それから私は本当に小さな天蓋の下にある列に入れられ、聖母マリアの像を運ぶことができた」

この思い出は少女が外面的な美に大いに関心があることを示している。

「長く待たなければならなかった。かなり冷えた。父は近くのカフェから熱いお茶を持ってきてくれた。鵞鳥の羽毛でできた私の翼は私には大変重かったので、父は留め金を外さなければならなかった。それから私は王冠を被って、四人の白い服を着た少女に担がれた赤い天蓋の下を悠然と歩いた。行列が私の家に着いた時、私は窓を仰ぎ見てそれを高慢にさげすんだ。私は本当に天使であるとほとんど思い込んだ」

この子どもは感情移入をして自分が天使であるかのように、そして、この貧しい家の子どもであるかのようにふるまうことは辱めであるように感じた。

「しかし、父は翼を手に持って歩道を後ろから私についてきた」

少女の父親への関係が支配関係であることを意味している。

「私は教会に行くのが大変好きだった。教会の前で十字を切るのも怠らなかった。ただ電車で教会を通り過ぎた時や、十字を切らない女の子たちと一緒だった時には、私が敬虔であることを見せることをためらい、十字を切るべきかどうかで自分と闘った」

子どもたちが他の人の考えに依存していることを見ることがよくある。ここには集団暗示がある。集団の内部では人は〔一人の時とは〕違った仕方でふるまい、他の人と一体になろうと努力する。

大抵の集団の参加者が一体になりたいと思っていることはかなりはっきりしている。「集団」という概念においては、誰も自分がしたいことはしないで、分離するものを排除し、統一を求める。他の人が受け入れやすい合い言葉を発して統一を創り出す。このような集団暗示を考慮に入れなければならない。個人は自分の理解にしたがってふるまうのではない。合流しようとする流れにしたがうのである。統一して行動し、長く吟味しないことが、集団の最上の課題になる。

「私は十字を切るのをやめた。そのことで強い罪悪感を持った。不幸なことが私を罰するために襲うのではないかと怖れた」

彼女は伝統によって心に抱いているもののために闘っている。罪悪感は、集団暗示に反対の態度を取る試みである。

「そこで、私は厳格に懺悔した。良心を探し求めようと、私は父の古い祈祷書を徹底的に調べた。その結果、私はまったく犯さなかった多くの罪まで書きつけることになった」

これは非常によく見られる。これは自慢である。多くの罪を見せびらかせようとしているのである。

「それで私は父にひょっとしたらさらになお二つ、三つの罪を知らないか、そして最後に放屁も罪なのかとたずねた。懺悔の一覧を見ると私の心労は大きなものになった。それはやたらと長いものになった。私は既にこれほど多くの罪を持っていることが他の子どもたちの前で恥ずかしかった。今や私は大変小さく行間をつめて書いたので、自分で書いたものなのに告解場でほとんど判読できなかった」

　このような自慢は現実の中で自分の誤りを改めようとする。

「四年生の時、復活祭の日に初めて聖体が準備された……その日、私は自分が特別だと感じた。他の人とはまったく違い、神聖であると感じた。自分に触れようともあえてしなかった。私はイエスに食べられた。しかし私の友人のオルガはふさわしくないと思われた。私ほどそれを真面目に受け取らなかったからである」

　彼女は一番になりたいのである。

「私はリューベツァール（山の精）のサガと千夜一夜物語を何よりも愛した。私が読めるようになる前からも父とリーナがそこから読み聞かせてくれた。商人と精霊の話を聞いた。商人がナツメヤシの実で精霊を打ち殺すという話だった。それを聞いた時、私は父に頼んでナツメヤシを買ってきてもらった。私は隅にすわって実を空中に投げ上げ、たくさんの精霊を打ち殺したと想像した」

　このようなことは八歳頃に起こる。ある男の子は精霊を殺し、それを食べたいと思った。多くの人はこんな愚かなことをいったことがあるだろう。男の子は家に帰った時、そのことをいっそう信じた。家では「食べ尽くす」ことが期待されていたからである。それで精霊は最後に殺されるはずだと信じた。

「私はあまり食べたいという欲求がなかったので……」

　甘やかされた闘う子どもである。まわりの人が食べることに大きな価値を置いているのである。

清潔であることが重んじられると子どもは不潔になる。消化することがあまりに重んじられると排便が困難になる。何事も過剰に重んじられないのがよい。

「……私は豪華な食事が出てくる物語のことを考えることで食欲を刺激した。あるいは、お米を見ると、例えば私は自分が悪い魔女であると想像した。美しい女性の姿をしたその魔女は、わずかな穀物しか食べないが、夜になると、密かに墓場で死体を食べるのである。それで、私はお米を一粒ずつ食べた」

彼女が物語の人物に感情移入しているのがわかる。彼女が女優になることはありえないことではない。

「シュニッツェル（子牛肉のカツレツ）を食べた時、私は想像した――自分で思いついた――フォークは女性であり、その食べ物は女性の帽子である、と。そこで、私はフォークの食べ物である帽子を最初にお皿のまわりに並べさせ、それから初めて食べた」

これはよく知られた子どもたちのジョークである。あなたは聞く。「太らないわよ。とにかく食べなさい」と。

「飲む時には、私は自分が荒野にいる、と想像した。すべてのものが既に喉が渇いて死んでいて、互いに血を吸い尽くしていた……」

われわれは時に残酷だと解されることを聞く。このような仕方で、残酷な空想が始まるのである。

その空想が性的な刺激に結びつくこともある。これは特別のタイプであって、子どもなら誰もが、不安によって性的な刺激を生み出すことができるわけではない。

「まだ水を持っているのは、私だけだと思った。それで無上の楽しみをもって水を一瓶全部を一飲みずつ飲み干した」

彼女は条件付きでだけ人生の自明の要求を満たすことがわかる。

「食事に風味を添えるために、飢饉が突然始まり、私だけがまだ蓄えを持っていると考えるのが好きだった」

少女が、ノアの洪水がやってきて彼女だけが残されただろうと考えたと聞いてもわれわれは驚かないだろう。ノアの洪水伝説は、おそらくこのような考えにその起源を負っているのである。

「私は無花果が好きだった。千夜一夜物語にその話があったから」

これは見かけの因果律[1]である。これは何かあることを原因にし、それに都合がいいことを結果にする。この場合は、無花果を食べることである。

「ジャガイモは好きではなかった」

彼女が次のように書いても驚かないだろう。「なぜなら、ジャガイモは千夜一夜物語には出てこないから」と。

「学校でそれがどんなふうに見つけられたか、最初誤って料理されたこと——まさに根が食べられることを知らなかった――を学んだ時、私は母にいくつか料理してくれるよう頼んだ。そして、私自身がそれを見つけ、他の誰もどう調理すればいいのか知らないということを想像した」

特権を追求することである。

「学校では、ハムをのせたパンかバター付きパン、さらにチョコレートが出た。私はそれにほとんど手をつけなかった。私の朝餐を誰かにあげるか、あるいは家に持って帰った。他の子ども、髪の毛、においがたまらなくいやだった」

公園でよく人を拒否する動きをする子どもを見ることがある。これは他の人を排除することを意味する。甘やかされた子どもであることを典型的に証明している。見知らぬ人を排除し、知っている人と甘やかす人を保持するのである。

「私はいつもこんなほこりの中でラードを塗ったパンを食べたりするのを不思議に思った」

高慢が育っている。

「父に倣って私は食事をしている時に読む習慣があった」

個人心理学のことを決して聞いたことがない少女のこのような発言は、われわれの学者がそこから読み取ることができるよりも多くのことを意味している。彼女は女性の役割が気に入らないのである。

「そのために、物語を読むのがもっとも好きだった。例えば、七年間、山でおいしい食事をすっかり食べてしまった『強いハンス』の物語である。今でも食べる時に何かを読むとずっとおいしい」

彼女の共感能力のことを思い出すと、強いハンスの役割に共感（感情移入）したといわなければならない。

「父は、ある時、私に以前の妻であるゲノヴェアはコーヒーを飲んだ、と話してくれた。それで私も同じようにした。母もコーヒーを飲む時、砂糖を一個口の中に入れた。それで、それも私は真似をした」

彼女はなお自分では決めてなかった。なお揺れている。自分で決めることは、発達の中で重要な点になるだろう。

「私のコーヒーはかなり濃くなければならなかった。ミルクが怖かった」

このミルクが怖いことは反抗期から発している。どの子どももミルクが与えられすぎる。やっかいな義務から解放されたいと思う。子どもの場合、食物に変化があるべきだ。ミルクだけであってはならない。

「子どものおやつの時、ミルクの入った甘いコーヒーが出されると、吐き気がした」

食べ物の話が多い。胃と腸管が弱いと推測できる。

「便通も以前から私を悩ました。持続的に便秘で苦しんだ。浣腸と催便座薬が大嫌いだった」

「乳母車と歌うことによる闘い」に便通の困難にすることが加わる。

「私はしばしば便器に一時間もすわったが出なかった。やっと出た時、父は大いに喜んだ。ある時、私は浣腸をしてもらわなければならなかった。その時、何人かの知人が私たちのところに訪問し滞在していた。その中に、父の友人と退職した大尉がいた。私は浣腸器を入れられたくはなかったので、叫んで私のまわりを蹴飛ばした。母はもはやもう何を忠告していいかわからなかった。あらゆることについて誰よりもよく知っていたいと思っていた大尉は近づいてきて母にいった。『それはやり方がよくない――こうしなければならない――』。突然、注射器が滑って落ちた。そして浣腸が顔にかかった……私はあちらこちらに母のベッドの中や母の肌着に赤い斑点を見つけた」

見えるものへの関心。

「『ママ、どうしておしりが赤いの？』。母は痔だと答えた。時々実際に痛みがあるということだった。そこで私は母がすわっていたところへそっと行って匂いをかいだ。この匂いは私がどんな女の人にも認められるものであることはすぐにはっきりとわかった」

優れた嗅覚はおそらくは器官劣等性である。われわれの文化空間においては、誰かが二本の足の代わりに手を四本もって生まれてきた時のように、たしかにこれは異例である。

「自分自身の身体の匂いも一生懸命かいだので、しばしば頭が痛くなった。継ぎ布を熱くなって特有の匂いがするまでこすることが、すばらしく愉快だった。そのために私はオルガを連れてくることが好きだった。私たちはすみのどこかにすわって、こすって匂いを嗅いだ」

顕著な嗅覚。精神的な関連で見られる探求と同じである。

「四歳の時、初めて劇場に『長靴を履いた猫』を見に行った。子どもたちは大声で笑った。私は真面目にすわって劇を見、耳を傾けた。両親は私に気に入ったかとたずねた。もしも私が他の子どもたちと同じように大きな声で笑っていたら嬉しかったであろうことは、明らかだった。二人は、私が顔を少しも動かさず、喝采もしなければ不快であることも見せないことに驚いたように見えた」

将来の貴婦人！

「多くの問いが私を混乱させた。家への帰り道、親はなぜ私が悲劇を見たかのようにそんなに不吉な様子をしているのかをいうように迫った。私は何も答えなかった」

「しかし、私は次の日、、演劇のすべての内容を演じた。皆呆然とした。今や皆は初めて物語劇が私にどれほど大きな印象を与えたかに気づいた」

この少女はもしかすると女優への道を歩むとわれわれは先にいった。劇は消えることのない印象を彼女に与えた。

「私たちのところに貧しいスウェーデン人の男爵が客として出入りしていた。彼は決闘をしたのだが、相手を殺してしまったために、故郷から逃れてこなければならなかった。こちらで映画カメラマンになった。ある日、私たちを映画へ招待してくれた。映画を見た後、私たちは彼を待って一緒に夜の食事に行った。父は私にウィーン風シュニッツェル、油で炒めたジャガイモ、赤ワインを注文してくれた。レストランでの食事は本当においしかった」

彼女は好みがうるさいのに、レストランでは残さずに食べた。われわれの仮定は正しい。食べる時の困難は、困難を創り出す必要から発しているのである。

「私はこの夜のことを思うと一日中嬉しかった」

この子どもが映画に興味を持つようになることを想像できる。

「男爵が故郷からの送金を受け取った時、私たち皆におごってくれた。たくさん飲んだ。皆ほろ酔い気分になった。私だけが覚めていた。だから、私は取り残されたように感じて泣いた」

誰もがほろ酔いであることに忙しく、彼女のことはかまってられなかった。

「後になって私たちはよくレストランに行った。そこではバラエティーショーも行われた。私たちはいつも食堂ですわっていた。しかしここで私はあまり長くじっとしていなかった。ショーのほうへとそっと歩いて行って、楽士の横に立って音楽に耳を傾けた。給仕が私を追い出しても、戸から外へとするりと抜け出し、また他の戸から入り込んだ。もう他の方法では入れなくなった時、私はドアの隙間から中を覗いた。休み時間にこっそりと空いた椅子にすわった」

子どもたちがこのような公演に行くことについてここで一言いおう。私は二歳の時、流行歌手のところへと連れて行かれた。私はそこで有害なことと有用なことを学んだ。五歳か六歳の時、オペレッタへ連れて行かれた。私が連れて行かれてなかったらどうなっていたかはわからない。しかし、私は濁った水の中を泳がなければならなかった時でも、私には耐性があることがわかる。これらのことはそれほど有害ではないのに、親の不安は過剰である。子どもたちを怖がらせるところへ連れて行ってはいけないが、社会的な勇気は保持され、強化されなければならない。私は子どもたちをこのような楽しいところへ連れて行くことを禁じないだろう……私の早期回想は次のようである。私の両親が旅行に行き、私と少し年上の兄を女家庭教師に任せて出かけた。父が帰ってきた時、奇妙な光景が父の前で展開された。私はテーブルの上に立って流行歌を朗々と歌ったのである。その歌では、鶏が殺されるのを見てひどく苦痛を感じる女性のことが歌われていた。彼女は心臓から出血すると強調した。歌詞は次のようだった。「鶏の悲しみにも耐えられないのに、あわれなフーベルトをお勝手道具でぶちのめすことができようか」。私はこの早期回想から次のように結論する。私はすべてが一貫して起こるかどうかを探求する関心を持っていた、と。

「公演は私には大いに気に入った。私の頬は赤く輝いた。一つ一つの言葉のすべてに注意を払った。喜劇俳優だけは我慢できなかった」

英雄的なものへの転換。映画俳優になるとしてもわれわれは驚かないだろう。

「私は前から動物が本当に好きだった」

これは支配欲の強い子どもによく見られる兆候である。犬や猫ほど従順なものはほとんどない。愛情を注ぐこともできるからである。子どもたちが動物を飼うことを拒んではいけない。しかし、このように動物を好むことのもっとも深いところにあるのは、優越性である。

「私は動物を苦しめたことはない。ただ一度だけカメムシを半分に切ったことがある。その時は父のところへ走って行って、これが罪になるかたずねた」

非常に偽善的な人になるだろう。

「小さな野兎を飼っていた。私に大変馴れたので呼んだらこちらへ飛んでくるようになった。ある時、兎が私を噛んだ。私はそれを少し殴り、一日中見ないでおこうと決心した」

残酷な罰である。

「しかし、それを私の膝から降ろすとすぐに連れ戻し、逆上して私を噛んだことを何度もキスをして、涙を流して許した」

優越感。

「私は兎の小さな尻尾で遊ぶのが好きだった。あるいは、私は兎と寝椅子にすわり、スツール――それはピアノだった――を手で叩いて、それにあわせて歌った」

そのために野兎を使うことができる。

「誰も兎に近づけなかった。私だけが近づけた。私は二本の指で鼻をくすぐるのが好きだった。そうしても、おとなしくじっとしていた。気持ちがいいように見えた。少しずつ私は兎の鼻毛を全部抜いた」

例えば、複雑な事柄で、人は不安になることでどのように支配することになるかというような問いを投げかけられると、人は思いつくのではなく、それを〔無意識に〕行うのであると答えなければならない。この少女は兎は鼻をくすぐらなければならないと聞き及ぶ。これは複雑で、偶然の出来事からそうするようになるのである。それは神経症の症状と同じ、あるいはほとんど同じほど謎めいている。

「下宿人のアルトガストからアメリカのイエネズミを手に入れた」

動物の偏愛。

「それからアルトガストは私にハリネズミを送ってくれた。近づくと針を立てた。私は考えた。刺すしかしないものはいらない」

動物がすべて従順であるとは限らない。

「ある日、足を痛めたカナリアが飛び込んできた。小部屋を作って世話をした。当時私には謎だったのだが、そのカナリアは卵を産み、雛が孵《かえ》った。小さくてまったく毛のない鳥を見て嬉しかった。ところが親鳥は雛を飢え死にさせた。私は死骸を箱に入れ寝椅子の下に置いたが、臭い始めたので、墓に埋めた」

あらゆることで見せびらかす。

「テントウムシが大変好きだった。一匹見つけると、箱を持ってきて穴を開け、中に綿を広げ、葉を置き、その上にテントウムシを慎重に置いた。私は何時間もテントウムシで遊んだ。飛び去ると私は泣き始め、誰も私を慰めることができなかった」

この少女は自分の優越性を十分感じる方法を求めているのである。

第五章

「私たちが外へ遊びに行く時、このアルトガストはいつも私たちと行動を共にしたが、ある時、私たちがノイヴァルデッグへ行った時、何かの理由で家に留まった。母はそのことに腹を立てた。父も母が怒っていることがわかった。既に路面電車までの途上で諍いが始まった」

この子どもは早くから嫉妬からの言動を教えられ、母親が他の人に関心を持っている時に父親が満足しないということに気づいている。嫉妬の問題について少し話さなければならない。自分に少ししか関心が向けられないことにまったく耐えられない人がいる。パートナーが本や雑誌を読むことにも我慢できないのである。妻が夫が本を読んだり旅行に出かけ、自分のことを忘れたように見える時に、またパーティで夫がずっと妻と一緒におらず、他の人と話をすると憤慨することは滑稽に見える。このようなことはよくある。パートナーが誰かを賞賛すると耐えられない人がいる。よくある答えはこうだ。「そんな愚かな人と関わるのはやめなさい！」——

ここにも夫婦間の闘いが進行中であるように見える。

「アルトガストが一緒に行かないからお前は機嫌が悪いように私には見える」

「私のことはほっといて！」

これには一言いえる。控え目であるように聞こえるし、大抵は休息以外何も要求しない人は、それはたいした問題ではないと考える。しかし、彼女が何か並外れたことを要求していることを見逃しているのである。生きるということはじっとしていないということである。私がじっとしていることを要求する時、それは私が他の人にある行為を命令するということを意味している。どんなに控え目に見えても、これは宣戦布告である。

「アルトガストを連れてきて！　それともすぐに家に帰ってちょうだい！　一緒に家にいて、私はあなたを邪魔しないから。子どもがいなかったら、とうに逃げてしまってるわ」

子どもが夫婦喧嘩の中心に立っていることがわかるだろう。彼女は何が問題なのか知っている。彼女は結婚において何が起こるかという印象を受ける。この少女がそれによって彼女の将来が心配なものになりうるとわれわれが結論づける傾向を見つけたことを覚えているだろう。このような喧嘩が子どもに影響を及ぼし、結婚についてのあるイメージを与え、それをより具体的に得ることは疑いない。われわれが結婚の問題をわれわれの親の結婚から知るようになるということは不都合なことである。それは非常によく起こるので子どもたちは結婚などしたくないと思う。子どもたちには結婚は困難な問題だと見えるからか、模範的な結婚をしようと決心するからである。いずれの場合も、多くの困難がある。

「あなたから私は何をもらったというの。ストッキングすらない。けち！　立派な生き方よ。ゲノフェーファのところにいればいいのだわ」

ゲノフェーファ（前妻）がこの夫の経歴にある役割を果たしている。

「そうすればののしることはなくなるから」

問題を提起したい。甘やかされた子どもは両親の間の闘いの証人になるだろう。甘やかされた子どもは注目の中心に立つことに慣れている。閉め出されていると感じたら何をするだろうか。介入しなければならない。

「私は泣いて両親が互いに仲直りすることを求めた。私は口論が怖かった」

思いやりがあるように聞こえる。しかし、われわれは、この子どもが怖いのは、喧嘩が始まると自分の果たす役割がなくなり、まったく誰でもない人になるからであるということに気づいている。

「私は震えながら（このような状況においてやりすぎということはない）両親と路面電車に乗り込んだ。父は顔色が悪く、母は怒っていた」

この喧嘩からだけでも、父親は軟弱な人だったことが読み取れる。専制君主はこのような話し方をしない。母親は決して無力ではないことがわかる人だった。彼女は夫の面目を立てることを理解していた。

「母は大きな麦わら帽子を被っていた。当時の流行からすると、上の方に被っていた。路面電車がうなりをあげて走っている時、突然風が吹き——私たちは電車の後ろ側のデッキに立っていた——母の帽子を吹き飛ばした。父はまだ怒りで煮えくりかえっていたが、誤ったほうへ飛び降りて丸太ん棒のように落ちた。母と私は驚いて怖くなった。乗客は席から立ち上がり、車掌はベルを鳴らし、電車は止まった。通行人が父を助け起こし、何が起こったのかたずねた。父は死人のように青ざめ、ほとんど答えることができなかった。車掌は叱り、母は絶え間なしにいった。『神よ、私のいまいましい帽子はどこにあるの！　どうするの？』」

怒りで煮えくりかえっている時、動いている電車から飛び降りるべきではない。他のことで忙しい時に、人に不幸が降りかかることはよくあることである。われわれは二つのことを一度にすることに熟達していない。二つでも多すぎる。

「私は父がもしも前に喧嘩をしていなければ転落していなかったことをよく知っていた。私は父がどうにか無事で嬉しかった。擦り傷を負っただけだった」

個人心理学だけが見ることができることが発言される。

「私たちが引き起こした注目は私には非常にいやだった。皆が私たちを見た」

そこで、われわれが少女を観察したように、このような状況は彼女にとっては快適ではないことがわかる。もう何年も経っているのになお注目されたことが記憶に残っているということ――どのように人々は私を見るか――が神経症者の主要な問題である。

「警備員がやってきて父親の記録を取った。電車が動き出すと、私はすぐに父と腕を組んだ。そしてもはや私を離させなかった」

彼女はまたもや注目の中心に立っている。

「アルトガストには私はとほうもない怒りを持っていた。私は叫び声を上げた。『いまいましい犬のためにいつもこんな諍いがあるのよ。悪魔が連れて行けばいいのよ』」

この少女の伝記を先に考察した際、健康と見られる状態にあっても、彼女も激しい悪口をいうことが稀ではないということを見たと思う。この少女が、神経症になると強迫的な考えにとらわれどぎつい言葉を使うと聞いても驚かないだろう。

「それからは両親と出かけたいとは思わなくなった。私は父がもはや取り返しがつかないことをするのではないかと常に怖れた」

不愉快な注目と彼女が背景に置かれるという状況が、あまり好ましくない仕方で少女に作用したことがわかる。

「私の回想の中では、両親はいつも喧嘩をしていた」

これは本当ではないが、このようにまとめられることから、彼女が第三の〔愛の〕問題の解決に関して困難な目にあうことが推測できる。ためらい、止まり、あるいは逃げるだろう。逃げることについては一言いうことがある。彼女が病気へと逃げたと仮定することは魅力的である。この概念（ヴィルヘルム・グリージンガーが一八二〇年に創った言葉だが、多くの人がそれを自分のものとして剽窃している）は、個人心理学の理解には一致していない。この少女が強迫神経症になった時、病気に逃げたと見るのは表面的な理解である。私はそれを比喩として表現することを試みることには反対しない。しかし、メカニズムは違うのである。この少女は、病気については何も知らない。医師が病気と名づける人生を構成、アレンジして築く。強迫的な考えも持つ気などまったくなかった。彼女は肺炎とこの〔強迫的な〕考えとの違いをはっきりと知っている。誤りは、健康は一面であり、病気は別の面である、と固定してしまったことにある。

「父が、母に自分の仕事を免除してもらうために、リーナに私の散歩をさせようとしたことも諍いの絶え間ないきっかけだった。しかし、リーナは小説を読むほうを好んだ。本の虫そのものだった。時には月明かりの中でも読んだ。母がリーナに好きな食べ物を料理した時、父は怒り叫んだ。『お前はリーナに夢中だ』」

二人の子どもたちは不和に陥るだろう。二人が共に冷遇されていると感じていることは奇妙なことではない。この子どもが父に依存しているという事情は、母親がその役割を十分果たさなかったことを推測させる。この少女は第二の段階にいる。母親は、何らかの理由から、この子どもを自分のもとにつなぎ止めることに成功しなかったのである。そこで、母親に対して批判的な態度を取り始めたのである。時には理由を知るのは難しい。私自身も母よりも父を愛していた。なぜなら、父は私を母よりも甘やかしたからである。私はなぜそうだったのかは理解できなかった。人間としては、私は母をたしかに非常に高く評価していたに違いなかった。それなのに、私は母にそっぽを向いていた。よくよく考えてみると、私は次のような観点に到達した。私が三歳の時、弟が死んだ。私は埋葬式の日に祖父のところへ行った。母が私を迎えにきた。母は激しく泣いていた。祖父は母を慰めた。私は母が笑ったのに気づいた。後になって、私はこの時、祖父が母にまた子どもができると慰めて希望を抱かせたのかもしれないと理解できるようになった。私は母が笑ったことで、母を長年許すことができなかった。どうして母親が子どもを埋葬した日に笑うことができるのか、と。後に私は理解することができた。たしかに母が悲しみの日に笑うことはなんと嬉しいことかと結論づけることもできたのだ、と。私は母に非常に批判的だった。私の別の回想はこうだ。叔父が私にたずねた。「なぜお母さんにそんなに無礼なんだ」。私は母に対して批判的な態度を取る時期にいた。私はそれを再構成できる。私は病気がちな子どもだった。私は生まれてから二年の間母に甘やかされた。私はこの甘やかしに慣れていた。新しい子どもが世界にやってきた。それが私の回想の中で建築における飾りのような役割を演じている。私は王座から転落したのである。母はもはや私を甘やかすことができなかった。新しく生まれてきた子どもの面倒を見なければならなかったからである。私はそのことで母を許すことができなかった。父がやってきて、第二の段階で、母親の役割を引き受けた。そのことを私は望んだ。私の批判的な態度は長くそのまま続いた……。

少女の父も怒った。なぜなら、母が年上の継娘に非常に関心を持っているからである。

「ある時、父は小さい団子が一杯入った鍋を床に投げつけた。母はしばしば私の姉とひそひそと話をした。それを父は我慢できなかった。怒りが父を圧倒した時、父は歯ぎしりをし始めた。茶碗をいくつか床に投げつけた。茶碗は粉々になり、肌着が破れ、帽子を踏みにじった。そして、危害を加えると脅す。私たちは父がこういうのをしばしば聞いた。『レボルバーを持ってさえいれば』」

われわれはこの男性が嫉妬する傾向を持っているのを既に知っている。男性についての最初の回想が、母親の上の娘に対する傾向に現れる時、それは説明がつくように思える。われわれは男性がどうすれば治療されるか理解できるだろう。凌駕されると耐えられないということを彼に示さなければならないのである。彼が自分は無力であると感じていることがわかる。無力な人だけが、このような手段を得ようとするのである。レボルバーを求めて大騒ぎすることは典型的である。それはしばしば起こる恐喝である。私は、しばしばそれが起こることを見る機会を持った時、ほとんど愕然とした。それは人がすることができるもっともばかばかしいことである。レボルバーに触れた瞬間、彼は敗残者だった。結婚では、それが現れるところでは壊れるいくつかのことがある。レボルバーに訴える人は闘いに勝てない。武器は下劣だ！

「それから父は走り回った。その上食べなくなった。私は父が本当に好きだった。私はその時ひどく興奮し、父のことを思って死ぬほどの不安を覚えた。喧嘩になった時、私はいつも泣いた。落ち着いてと頼み、手を握った。そうすると少しは落ち着いたが、それでも走り去った。不安一杯で待った。長く待つことになると、私は帽子を被って通りに見に行って、カフェにいないか探した。大抵、父はカフェにいた。そこで私たちは何年も会ってないかのようにいつも喜び挨拶した」

この場面の描写から、この子どもが家庭の場面では見る人であること、結婚のイメージが混乱させるものとして子どもの心に残ることがはっきりとわかる。

第六章

個人心理学のルーペを使って観察し、連関を確かめたい。われわれは博物学者のような、あるいは芸術作品を観察する人のような態度を取りたい。そして、芸術作品の質を確かめようとする人のように、一つのものが他のものに適しているかを芸術作品の質、あるいはわれわれのいい方ではライフスタイルを正確に調べたい。

問題になっているのは、甘やかされた少女である。彼女はとりわけ父親に依存し、したいことはすべて達成することができるが、彼女については、将来大きな困難を予期することができる。甘やかされた子どもは、快適な状況にいた場所を後にする時、普通の困難に耐える訓練をされていない。彼女のライフスタイルの全体は行動を抑制しようとする。彼女は「はい～でも」を頼りとする。これは神経症者の態度であり、おそらくわれわれが見出すことができるもっとも簡潔な理解である。今やこの伝記には多くのことが起こる。あまり重要ではないことや対人関係、彼女の運命がわずかしか触れることがない人が出てくる。それも考慮に入れなければならない。

「父はよく悲しくなった。そのことの原因は、私の普通ではない身体の弱さだったそうである」

彼女は父親が彼女のことを心配していることに非常に影響を受けていて、父親の人生は彼女にとって神聖なものであることがわかる。

「たとえ父の気分がよく冗談をいうことがあっても、その翌日すぐにぶりかえした」

われわれは彼女はこの男性のただ一人の子どもだったことを思い出す。

「父は、一言も語らず、悲しげな顔つきでいつもの場所にすわっていた。一方の足を投げ出し、他方の足を引っ込めて、あるいは組んだ足を仕事机に置いて縫い物ばかりしていた。話しかけられても上の空で答えた。そのことが絶えず母を怒らせ、何度も喧嘩が繰り返されるのだった」

この少女が父親の彼女への態度で一杯であることを覚えていますね。

「興奮した話し合いの間、父はこぶしでガラスをはめたドアを殴って手にかなりの怪我をした」

男性の女性に対するまったく性質の異なる態度が、この少女の注意を引くということは自明である。彼女は母親よりも自分のほうが優っていると感じる。

「彼は数週間働けず、毎日医者にかからなければならなかった。当時、父は私と一緒に外出することはあまりなかった。しかし、私は父と一緒に二人でいることを恥ずかしく思った。母もいてくれたらいいのにと思った」

これは興味深い発言である。子どもが母親に対して罪悪感を持っているのは明らかである。彼女は母親を排除するのに成功した。それゆえ、罪悪感があるのである。われわれはこの少女があらゆる状況で優越した人になろうとしているのを見た。母親に対しても優れていたいのである。このような態度から罪悪感が生じるのであり、彼女は権力欲からだけ母親のポストを取り上げようとしたことを疑う人は、これ以上議論することはできない。こんなふうにいう人もあるだろう。罪悪感はエディプス・コンプレックスからだけ生じる、なぜなら、この少女は婉曲にいえば父親にリビドーに関する要求をしているか、あるいは、父親の子どもを生みたいと思っているのだ、と（これはもはやあまり婉曲な表現ではない）。このようにいう人に対しては、反論してこういわなければならない。これは悲しいことだ、なぜなら他の人の場合には、少女はエディプス・コンプレックスを持ってないという意味になるからである。ここには、権力関係のことがまだわかっていない人が何かをほしいのに怯む少女に似る瞬間がある。それは他の思考過程によってここで確かめられる。

「母親が隣の人とおしゃべりをした時、父はすぐに我を忘れた。父は誰に対しても嫉妬したが、もっとも嫉妬したのはアルトガストに対してだった。アルトガストは実際に母から目を離さなかった」

このような印象を持った時、この子どもがいくつだったかをわれわれは知らない。彼女は時間（の前後）関係を混同している。彼女は小さな子どもだった時、まわりの出来事に鋭いまなざしを向けていた。彼女にははっきりと個人としての態度決定が生まれたのである。社会関係の中に人が立つ時、それは人間知[1]への道である。このような繊細な心理学的な勘は、いつも保護され、その人の前で何も語られることがなかったら、持つことはできない。子どもたちは家の中でのあらゆる関係が彼〔女〕らの前で演じられればいっそう繊細な心理学的理解を持つ。しかし今や、教育学は子どもたちの前で諍いや緊張関係を発展させてはいけないという。われわれは普遍的に妥当する解決策を持っているとは主張しないだろう。個人心理学はよい状況の中にある。何が自分の前で行われるかではなく、子どもがまわりの人と結びついていること、共同体感覚を発達させることが重要である。そうすれば困難は何一つ被ることはないだろう。これは性的な自由思想家の無思慮があらわにする特異な場合である。性的なことの外に十分不快きわまることもあるのである。われわれは、子どもの時に、すべてのことをすっかり信じただろうか。私が小さかった時、少年が肉屋は人間を殺してその肉を売っていると私に話してくれた。私はそれを信じなかった。性的なことについての説明も信じなかった。しばしば大きな疑いがあった。正しいことですら疑った。子どもたちは、人生の有用な面で役に立てるように、まわりの人と正しく結びつけられなければならない。

「またある時、散歩をしているとアルトガストのために小言をいわれた父はステッキを挙げ、母を脅した。その時、私の額に当たった。木の実の大きさの瘤ができた。父はまったく絶望したかのようにふるまった。私はアルトガストに腹を立てて父にいった。『さあ、お父さん、行きましょう、お母さんは置いておけばいい』」

子どもは母親と闘っている。母親に勝つためなら何でも利用する。

「母は運が悪かった。母は美しい陽気な女性だった。父は母の楽しみを全部やめさせた。家と仕立業のためにだけ仕事をしてほしかった」

これらの事実の確認が間違わずに行われたのではないことはたしかである。たしかなことは、この子どもが母親の運命を怖れ始めるだろうということである。このような運命は人生の状況を変えることがありうる。彼女は母親の運命を体験することを怖れるのである。これは重大である。なぜなら、愛と結婚への不信感が膨らむからである。彼女はもはや無邪気ではないだろう。このようなことの手がかりが現れないか、それを使えないかうかがうだろう。彼女は待ち構え、〔愛と結婚を〕回避することを試みるだろう。

「ある夜、父がSカフェから小さな、真珠が並んだレボルバーを家に持ち帰った。父はそれを密かに購入していた。母と私は、父がしばしば自殺すると脅していたことを思い出したので、それをカフェに戻すまではうるさくいった。私はいつも諍いが始まると震えた。そしてほとんどいつも諍いがあった」

諍いがある時、子どもたちがこのように震えることは自明なことではない。子どもたちがその際無へと消えると脅すという事情が一役買う。両親は彼女のことを考えずに自分たちのことで忙しい。子どもたちによる多くの干渉は、注意を払われないことに我慢できないことに原因を帰することができる。

「それにもかかわらず、私は両親を聖物であるかのように愛し、嫉妬深く二人を見張った。ある時、私は父が女の子の後を追うのに気づいた。その時、私は父と腕を組んで叫んだ。『猿顔のあの子につきまとわないで！』」

私たちはこのことに驚かない。結婚の調和を保つことは、自分自身の力を怖れ始めたという事情ほどには、彼女の目的ではなかったように見える。これはしばしば嫉妬の根である。愛がほとんど問題にならず、力関係の配分だけが重要である時は特にそうである。

「父は私と一緒に家に帰らなければならなかった。父が誰かのことをきれいといったら私はすぐにいった。『お父さんは猿顔の女の人ばかり気に入るのだわ』」

これは嫉妬の表現である。

「ある夜、映画を見て家に帰った時、母は非常に興奮していた。父は配達に出かけていた。母は私に、私たちの昔からの手伝い人が母を襲おうとしたと話した。私ははっきりと理解できず、悪態をついて叫んだ。『いまいましいカール——彼を捕まえたら頭を叩いてやる』」

「私の親友は同級生のオルガだった。彼女は何でも理解してくれた」

そのことをわれわれは推測できただろう。この少女が並外れて視力がよく、あらゆる視覚的なものへの傾向を持っていることは誰もが認めるところだろう。

「私たちは一緒に芝居をした」

これも視覚的なものの叙述である。既に長く個人心理学を学んできた人は、このような関心は訓練されなければならないことを証明できたことを知っている。訓練は刺激されなければならず、幼い時に見ることが妨げられたからに違いない。視覚に少し障害のある子どもである。われわれは、このような子どもの場合、それと似たようなことが起こったと推測するだろう。見ることへの訓練は並外れて強い。伝記を読む訓練にはわれわれがこのようなことの確認を後にも期待するということが属している。そこで、次のような点が特に注目されなければならない。非常に多くの詩人にも目の障害があった。そのために目の訓練をしたのである。それには舞台向きなものを表現する能力も属している。これは見ることの問題をさらに前面に押し出した人には容易である。その際、問題を過度に強調することは欠点である。しかし、長所でもある。われわれはそのことを芸術についてのわれわれの所見から見るのである。

「私たちは長いスカートをはいていた。ベールを巻き付けた。彼女の弟はジプシー、盗賊のかしらのようであり、私からもひったくった。しかし彼は私には次第に負担になった。彼は私たちを決して私たちだけにさせようとはしなかった」

ここで少女には好意を持っているが、反対に少年を拒否していることを見ることができる。少年は不快感を与える。子どもたちは同性のパートナーとだけ一緒にいたがるというしばしば見られる傾向である。その際、少女は少年よりも早く成長するということも考えなければならない。若者がずっと年上でなければ、少女が精神的に優位であると感じることは理解できる。おそらくこれが拒否の根拠だった。

「ある時、私は彼女と一緒に部屋に閉じこもった。服を脱ぎ、裸で跳ね回った。鏡で前からも振り返っても見た」

またもや見る傾向である。

「そして、私たちはあまりにみだらなことができるということを小耳にはさんでいたので、交互に相手の上に乗った。しかしその時、まったく感じなかったので、私たちは大いに失望した——するとその時外で男の子が泣いた」

今やわれわれは別の根拠を聞く。ここで重要な問題に触れなければならない。同性愛的な要素の一つについて語ることができるだろう。表面に留まる人は、あたかも彼女の中にあったものが出現したかのように解釈するだろう。少年は彼女には厄介である。子ども時代に性的な欲求が現れるとすぐに、正常な関係の発達ほど非常な恐怖をもって感じられるものはないことを考えれば、子どもたちが性的な関係において成長する時、異常な関係を示すことが理解できるだろう。同性愛的に見える関係であろうと、自慰行為であろうと、性のみすぼらしい残滓でしかない。リビドーの正常な発達ではなく、正常なものは怖れと不安によって排除される。子どもたちが監視されていなかったり、子どもたちが入り乱れて横たわるみすぼらしい家を見れば、正常なものの他のリビドーの発達は起こらないことを見るだろう。正常な関係を持つ五歳と八歳の子どもたちがいるだけである。裕福な子どもたちの成長だけが「多形倒錯」（性欲の対象が種々のものに向けられること）であると仮定するべきだろうか。個人心理学の仮定はより正しい。子どもが自慰をする時しばしばくだらない書物があることは親にとっては不快であるが、子どもが正常な関係を持つ場合を考えれば、それはひどすぎるだろう！　私はついに同性愛者になるという代償を払わなければならなかった子どもたちの成長を思い出す。彼〔女〕らは規範を排除し、リビドーの発達は反対の方向を取った。

「私は針を贈ると愛は終わると誰が私にいったかもはや覚えていない。いずれにしても、私はそれを信じている。私はオルガと相談した。そしてこの魔法を彼女の弟に使おうと決めた。私は針を取って、二つに折って、半分を彼に渡し、それが私たちの友情を初めて綴じ合わせる、それが永遠と忠誠だと信じ込ませた。彼は針を嬉々として自分に刺した。そこで私は笑っていった。『あなたの愛は終わったのをわかってる？　針は愛が壊れたという意味なの』」

少年はどうしたか。

「すると、彼は激しく泣き始めた」

彼は明らかに成長においてはずっと先んじていた。

「私はもう少しで彼を気の毒に思うところだった――しばらくして、彼にこういうことを思いついた。ジプシーの女が、私は十八歳になったら死ぬと予言した、と」

誰かが、死ななければならないといいはる時を定めるというこのモチーフは、非常にしばしば繰り返される。われわれがその時何が起こりますかという誘導尋問をすると、ベールを通して見え始める。1．彼女がそれを仮定する時、彼女は解放され、その時もはや何もする必要はない。それは効果的結末である。何が起ころうと、彼女にとってはもはや課題ではなく、甘やかされた子どもには好ましい状況である。2．少女が何かそのようなことを主張する時、彼女は自分を関心の中心に置くことになる。人は非常に惑わされるので、このような女の子を甘やかす。これが甘やかされることを憧れることの結末である。

「少年はそのことで絶望した。涙がただこぼれ落ちた。私も非常に絶望的な気持ちになった。私は非常に説得力のある仕方で話したので、私自身もそのことを信じた」

私は少女のこの特性を既に強調したかわからない。われわれがそれを見出すのは稀ではない。病的な嘘つきのことを思い出しさえすればよい。私はその際、神経症、精神病のすべてのケースのことも考えなければならない。患者は自分が話していることも信じる。「私たちの家族は破産するだろう！」。そのようにいう人はそのことを強く感じるので、動揺するだろう。人間は自分がいうことを信じもする能力を持っている（「彼にとってヘカベーが何だというのだ」『ハムレット』[2]）。共感（感情移入）は、今日なお感じられているよりもずっと大きな役割を演じている。われわれは共感することなしには知覚することも、統覚することもできない。私は滑稽に聞こえるが、帽子にも共感できるという確信を持っている。ボウリングで、ボールがどこに向かって転げていくかを見る時、人があたかも自分自身がボールであるかのようにぐらぐらし始めるのは、奇妙なことである。それについては個人心理学において、なおも研究されなければならない。共感は信じられてきたよりも、ずっと強力な事実である。当然、この共感は、それが究極目標に一致することが明らかになる時、強調されるだろう。少女は、それについて確信を持って話すので若者が泣く時、それを見るのが好きである。

「男の子は気も狂わんばかりに私に夢中だった。私はいかに子どもは九歳の時にそのように愛することができるか、今日驚かないわけにいかない」

われわれはここでも既に八歳の子どもの愛についての経験を見る。注意を怠らない人は驚かないだろう。このような傾向はもっと早い時期に見ることができるのである。多くの人は四歳や六歳でも異性にかなり夢中になる。

「私はＨ公園でミーナと知り合った。彼女の父親は、市立カフェの給仕人だった。彼女は私を招待してくれた。彼女は自分自身の子ども部屋、たくさんの遊び道具、子供用の食器セット、小さな食器棚、その上、人形の食器まで持っていた。食べるためのお金もいつも持っていた」

この時、何が起こるかがわかる。優雅な二つの部屋を持っていること、高貴な住まい、これが困難をもたらすのである。少女を自分のところへ招待しようという気にはほとんどならないだろう。

彼女は嘘をつかなければならない。

「今や次のことが私を圧迫した。ミーナは既に私に招待されることを待っていたのだ。しかし、私は彼女に気兼ねした。なぜなら、私の家には部屋と台所しかなく、住んでいるのは一階で、彼女のところのようなきれいな家具は備わっていなかったからである。彼女が再び私たちの家の前に立った時、私は彼女にいった。『一階で上を見て！　そこに私たちの家があるから。一階は全部私たちのものよ。でも、そこに入る鍵はお母さんが持ってるの。一階には部屋もあるけれど、でもそこは狭いの』。そこで、彼女は好奇心を持って上を見た。私はいつもいいわけを思いついた。ある日、私は彼女との約束を守れなかった。片付けなければならないことがあったので、彼女に間に合うように連絡できなかったのである。そこで、彼女は私たちの家の前でずっと待ち続けたのに、私は行くことができなかった。ついに彼女は勇気を出して中に入ってノックをした。帰った時にミーナを見たら、一瞬で私はひどく困惑した。私は彼女が気分がよいことがすぐにわかった。そのことが私を落ち着かせた。話が進むと彼女は私に上に行けないかとたずねた。私はとっさに答えた。『今日は駄目……まだ片付いてないから』――しかし、すぐに彼女はそのことから本当のことがわかり、私たちは二人とも、私の思い上がったふるまいについて笑った。私たちはほとんど毎日会うようになり、そのことでオルガをないがしろにした。私たちは料理を作る遊びが好きだった。チョコレートとリンゴにミルクを振りかけ、粥を余さず食べた。マリン漬けニシンとキュウリを買った。そして、五クロイツェルで映画に行った。しかし、子どもが入れない時には、怒って映画館主に悪口をあびせかけた。それから童話を一緒に読み、私たちの年には適当ではなかった本も読んだ。ある日、リーナの棚にプレヴォストの『ユールヘンの結婚』という本を見つけたことを思い出す。そこには初夜について書いてあって、私は頭をさんざん悩ました。私はきわどい表現を理解できなかった。ある日『離婚した夫婦の子どもたち』というショーベルトの本を手にした。これは十二歳か十三歳の子どもの生活と愛の歴史である。最後に少年が銃で自殺した。そのことは何日も私を悲しい気分にさせた。私はそのこととの原因は一体何だったのか、とくよくよと思い悩んだ。私はその上、既に国民小学校の四年生でイプセンも読んだ。もちろん読んでも理解できなかったのだが。例えば、なぜヘッダ・ガーブレル(3)が自殺したのかも、私は理解できなかった」

それはしばしば年長者でも理解できない。

「私は本から教えを引き出し、人間知を獲得することを求めた」

これは絶え間なく本を読む多くの子どもたちの秘密をわれわれに明らかにする。そのような子どもたちは、彼〔女〕らの人間知の隙間を埋めたいと思う。彼〔女〕らはあらゆることを調べもしないで受け入れることはしない。検証し比較し、映画や演劇に行くと、同じことをするのである。美しい文学にもっとも鋭い関心を持つのは、人がどのように問題を解決するかを見ることができるからである。そこで人をしっかりと見るようになる。

「そうこうするうちに、父は独立して仕立屋を開業した。私たちの住まいは、すぐに仕事場としても店舗としても役立ったが、そのため私たちは非常に窮屈になった。開業しなければ当時は暮らしはよくないわけではなかった。父はその上新しい家具を分割払いで買った。二つの棚、机、肘掛け椅子、ベッドである。クリスマスの前、たくさんすること――緊急の仕事があったので、母は絶えず父を手伝わなければならず、料理する時間もなかった。そのことは私を不機嫌にした」

この子どもは他の人の秩序に注目している！

「母はミーナにすばらしい準備をした。ミーナのところではもう何日もパンが焼かれたが、私たちのところでは裁縫ばかりしていた。聖なる夜、母は父と一緒に配達に出かけた。リーナは家が狭かったので、下宿していたのだが、私を彼女の下宿のおばさんのところへ連れて行った。そこにはごく小さいクリスマスツリーが立っていた。たしかに厳粛だった――しかし、夕食はアスピック肉に入ったニシンだけだった。私はそれが気に入らなかった。私の両親が私たちを迎えにきた時、私は泣いた。『聖夜なのにアスピック肉に入ったニシンを食べなければならないの！』。父は答えた。『今、お金がたくさんあればいいのだが。レストランで食事ができればいいのだが』。しかし、私は欲求を既にすべて失ってしまっていた。家ではたしかにクリスマスツリーが立ててあった。そして私はほしかったものを手に入れていた。ミーナのような子ども用の食器類、手回しオルガンである。しかし、気分は台無しだった」

彼女は厳しい。すべてがうまくいっていない時には気分は台無しになる。

「次の日、私はミーナを訪ねた。彼女は巨大な電飾ろうそくのついたクリスマスツリーを持っていて、たくさんの贈り物がテーブルの上に置いてあった。そのことで彼女をうらやんだりはしなかったのだが……」

嫉妬がないことは彼女のプライドだろう。

「……しかし、彼女が私に一体何をもらったかとたずねた時、突然、私は極貧を演じてこういった。『何も』」

そこには抑えられた恨みと同時に、乞食の態度がある。この傾向にも注意しなければならない。効果的であるように見えるために身をかがめること、これが乞食の態度である。

「すると、私を非常に気の毒に思った彼女は、ためらうことなく私にきれいな童話の本とさまざまな菓子をプレゼントした――私たちの客の中に若い男性がいた。彼は私と同じ年頃の娘のいる離婚した女性の友人も私たちのところへ連れてきた。この子どもは私に非常に似ているということだった。これが明らかに彼女の母親が私に特別の好意を持った理由だった。彼女はしばしば私を連れ出しもした。夏にロダウンにある別荘にいた時、彼女は私を招待してくれた。父はしぶしぶ私を行かせた。ミーナは夏になると毎年田舎へ行った――私にはロダウンは最初の田舎での滞在で、初めての長期滞在だった。私は外ではきわめて友好的に扱われ少女とも仲良くなったが、二日後にはもうホームシックになり、ずっと泣き激しく家に帰りたいといった」

　ここでホームシックの心理学について少し話さなければならない。家にいるほうがいいという感覚を持っていない人はホームシックにはならない。それは甘やかされた子どもに起こることである。彼女はひどいホームシックになったように見える――しかし状況は悪化した。家では彼女は注目の中心にいたが、田舎の家では小さな少女が注目の中心である。だからホームシックになるのである。このようなホームシックに負けるのは当然である。彼女は状況の変化に準備ができていないのである。

「至急に戻るしかなかった」

「リーナは看護師になるために一年間教育を受けた。当時、石炭酸の匂いをさせていた。チェコ人に惚れ込んでいた。時々、私を手紙を持たせて彼のところへ遣った。ある時、下宿のおばさんがドアを開けていった。『あなたはローサさんの妹さんではないの？』。そして私にある噂話を話してくれた」

　なんと早くにこの子どもは愛の関係のことを知らされることか。

「私は姉にこのローサについて報告した。しかし既に彼女のことを知っていた。姉はしばしば泣いた。父と私は彼女を慰めなければならなかった。チェコの人が彼の故郷に帰った時、彼のためにプラハの病院での勤め口を受け入れた。私たちはそれをやめるように説得したが無駄だった。彼女の旅立ちは私を大いに傷つけた」

なぜか？　彼女は従者を失うからである。状況が悪化したと想像すれば、不安神経症になる。そうなると、このような人はまわりに従者を持たなければならないことになる。そのことによって彼〔女〕が途方もない権力を握る地位を得ることは、彼〔女〕にはわからない。

第七章

「これまで私は一番最初の友人であるティルデのことに言及するのを忘れていた。私が四歳か五歳の時、彼女と道で知り合いになった」

甘やかされたにもかかわらず、彼女は路上で子どもたちと知り合いになることができた。子どもにとっては、路上でほど人間知、当意即妙、他の人や自分自身についての知識を多く得る機会はおそらくほとんどない。われわれがある種の悪を遠ざけておくことができれば、路上は優れた教育原理であろう。監督する時に何かを奮い起こすことができれば、子どもたちを誘惑しうる不当な要素は混じることはない、とわれわれはかなり確信を持てれば、私にはここではおそらくは他のところではできない非常に多面的な経験が可能であると思われる。相互の対立、つながりを確かめ、それに影響を及ぼす努力、これが共同体的な生の原型である。大都市において可能性が与えられていたり、あるいは、かつてわれわれの都市においてそうであったように、車が注意深く走り、子どもたちに注意を払ったところではより容易だろう。今日ウィーンは子どもたちが通りでの生活を送ることには、もはや適していない。私は次のことに注意を喚起したい。それはおそらくわれわれがこの少女に専門家としてのまなざしを向けることに関連している。つまり、彼女がある発達、神経症への発達を免れているのなら、たしかに人と結びつくことに並外れて熟達しているということである。

「(はしご形の枠のある)荷車にもよじ登った。私は彼女の後について登り、会話を始め、一緒に遊び、次の日も同じ場所で会う約束をした。彼女の母親は近くで菓子店を営んでいた。小学校四年生の時、再び彼女としばしば会った。彼女は私に崇拝者、十歳の男の子で、既に結婚の約束をしていたハインリッヒの話をしてくれた」

十歳の時にどれほど将来の生活への準備がなされたのかを見る。

「彼のことを知った時、すぐに努力をした」

――どんなことをしたのか――

「彼女にそむかせる(努力を)」

注目の中心にいることに慣れているこの少女は、このような状況においては、この道を行かなければならない。

「それは大体うまくいった。私たちは三人で並んで映画へ行き、精神病院の庭へそっと入って、そこで結婚遊びをした」

これは性的な関係の第一歩である。このような遊び、お医者さんごっこ、ままごと遊びは世界中に広まっているのが見られる。子どもたちはそれらを自分で見つけ出す。誰もそこに古代の言語を発見することができないことを私は不思議に思う。個人は人類の全歴史を繰り返さなければならないだろうというのは余計な思弁である。各人は人類の全歴史を繰り返すことなしに同じ技巧へとせき立てられる。

「私たちはよく、ハンサムだけれども傲慢で女の子にはまったく興味がないハインリッヒの友人の話をした」

　われわれは、子どもたちの人生の差異は後の人生の原型を表していると見る。子どもたちはそれをよく知っているが、どのようにふるまってきたかということも知っている。そのことがわれわれのヒロインに感銘を与える。

「そのことが私に感銘を与えた。そして、私はティルデに彼女の知人を仲介してくれるように頼んだ。彼女が彼に私について話した時、彼はその女の子に会いたいと話したということである」

　私は皆さんが、これらの表現や回想において、少女がどのように副次的な役割を演じているか、そのすべてを私と同じように感じたかはわからない。長く説明する必要はない。若者が少女にまったく興味がないということに注意を喚起すれば十分である。即ち、「私たちは少年を待つことを余儀なくされている」のである。彼女の言葉使いは愛想がよく、理解され、心に留めておかれる。この深く言葉の底に潜む調子を見て取ることができない人、それを見て取ることができるほど感受性がない人、そのような人とわれわれは議論することはできない。そのことを見落とす人は私たちと共に行きたくはないだろう。

「ティルデはトレフォールにいた。私たちはあたりをゆっくりと歩いた。会話をしていたら、やがて話はキスのことになった。私はこれまでの人生で誰からもキスをされたことはない、と主張した。彼は私に反対のことを証明しよう、それは力ずくであると答えた。私はそれを本気にしなかった。しかし、自由広場を横切った時、――あたりは既にたそがれていた――彼は突然私を襲った。私は必死で抵抗し、助けを求めてティルデを呼んだ。そのようにして私は難儀して解放されることができた」

ここでも〈男性についての〉イメージが繰り返される。男性は攻撃者であり、少女は追い立てられた獲物である――このような攻撃から身を守ることはいかに困難で、用心深くなければならないか。

「私は彼の図々しさを非難した。そして、奪われたキスは自由意志のキスとは同じではないことをわからせようとした」

十歳の少女が議論できることがわかるだろう。彼女はそれを共同体の中で学んだ。

「私は自分が少年であっても、キスを盗むことなど争って望んだりはしないだろう」

彼女はこのことで彼を格下げする。

「私は用心して彼に並んでさらに歩いて行った。彼が私の帽子と髪をめちゃくちゃにしたことが、私をもっとも怒らせた。すぐにそのことでティルデに最終的に説明することを要求したが、彼にまた会いたくはなかった。私は彼が手に届くことを納得したので、もはや彼には関心がなくなった」

われわれはここで、この少女は人生の課題を解決する時に、彼女の欲求はすべて力の追求、認められることを求めるという方向に発達しているのを見る。マルタ・ホルブ博士は、今日われわれを部分的に支持し反対する著作の中で、われわれ個人心理学者が、愛は認められたいという欲求が支配する支戦場であると信じているという理由で、「いかにわれわれが誤った道を歩くか」を論じている。しかし、愛において認められたいという欲求が支配し、すべての感情がそのほうへ向けるということは誰も免れることはできない。

「五年生の時、転校してきた女の子、ゾフィーと仲良くなった。彼女はピアノが弾けた。そのことを私はうらやましいと思った」

彼女の認められたいという欲求があらゆる方向に及んでいることがわかる。

「私はずっと前からピアノがほしかった」

私は、ここで悪を体現する敵は、ここで彼女がピアノを弾きたいと思うことが罪なのか、と反論を持ち出すであろうことがはっきりとわかる。われわれはそれはたしかに価値があると思う。しかし、それがすべてだろうか。何であっても彼女はいうかもしれないのである。あれもほしい。全部ほしい！　これが特徴的である。ほしいのはピアノだけではない。全生涯で人生の進行を妨げることなく前面に押し出されるものは何もない。例えば、きれい好きであることは大切なことである。しかし、私がこれを私の人生の前面に押し出し、絶え間なくすべてのものをきれいにすることばかり考えれば、他のすべての必要な課題を放棄することになるばかりか、あらゆるものが不潔であり、生きることには苦労するだけの価値はないということに気づくことになるだろう。このようにして洗浄強迫になるのである。いたるところに何か不潔なものがあるという。本当だろうか。われわれは議論したくない。それを人生の中心に据えれば、生きることはできない。性のことについても同じである。性を人生の中心に据えれば、人生は転倒し、右も左もわからなくなる。ある人がこの問題を、別の人があの問題を前面に押し出すことを理解するためには、すべては子ども時代に由来し、それゆえ子どもは、絶対の真理に近づくことができないという理由で、誤りであることを理解しなければならない。われわれがそうすることで、人生の調和を妨げることはたしかである。それでもたしかに一つの原理がある。私はその原理はそれがたとえ強調されても人生を妨げることはできないということを納得することができる。それが共同体感覚である。私がその見地に立って普遍的な有用性の道へと踏み出せば、私はいかなる誤りも犯すこともできない。それゆえ、誰かが私に本当にそれへの正しい反論を証明できれば、私は非常に感謝するだろう。われわれは「個性が失われる」というような反論を聞く。私は個性を発達させなければならないが、それは公共に有用であるためにである。共同体のために、それに属するのにふさわしいライフスタイルを身につけなければならない——しかし、ここでは並外れて大きなものになった認められたいという努力が問題になっている。優越性の目標はピアノをほしいことにも具体化されている。

「ゾフィーの里親——彼女の両親はもはや生きていなかった——は食料品店を営んでいた。そこで私の母も時々買い物をしていた。そこで、両方の家庭は知り合いになった。彼女の母親は私の父に、彼女の娘が行っているピアノ学校へと行かせるよう助言した。その学校には優秀な教師がいて、その先生のもとで練習できるから、と。父はこの助言を受け入れ、私はピアノ学校に入った」

ここでも私はいいたい。優れるという強い努力は決して妨げられたり、非難されたりすることがあってはならない。誰もがこういったであろう。彼女はピアノを弾くべきだ、すべては普遍的な有用性という面で展開する、と。

「そこには女の子も男の子も一緒にいた。たくさん男の子が私に夢中になった。しかし私は彼らを馬鹿だと思い、彼らから逃げた。一人の男の子がとりわけ私を落ち着かせなかった。彼はいつも私に挨拶をした。お嬢さん、手にキスをさせてください！——こんなふうにいわれて私は嬉しかったのだが、彼は私にはふさわしくなかった。しかも彼の父親が靴屋だったからである」

彼女の父親は仕立屋だった。ここでわれわれは身分の違いがいかに重要かを見る。彼女の父親が仕立屋で、彼の父親が靴屋なら同じ仕方で〔相手が自分にふさわしくないということの〕論拠を示したであろう。この唯一の場所からも、われわれはこの少女があらゆる人を出し抜きたいと思い、それゆえ、共同体にはごくわずかしか参加したくないと思っていることを読み取ることができる。彼女の問題は、どのようにすれば私は一番になれるかである。愛の方面では、ただちに前に進むことはできない。慎重でなければならない。なぜなら「帽子と髪の毛はむちゃくちゃになるかもしれない」からである。

「私は見せかける……」

彼女は私たちのところで学んだことがあるかのように話す。

「自分が高い身分であるように見せかけるのを好んだので、父が仕立屋であることが知られることがいやだった。以前は父の仕事をたずねられたら、私は大抵こう答えた。消防長」

いくつかの推測が結びつけられるが、ずっと単純である。

「つまり、消防士だったアルトガストが私たちにしばしば火事の話、消防士の仕事がいかに危険か話してくれた。これは私に強い印象を与えた」

彼が他にも武勇伝を話していたら、それも彼女を感動させただろう。

「私は靴屋の息子を非常に気まぐれに扱った。機嫌がよかったら、彼に芝居に同行することを許した。しかし、機嫌が悪いと、彼は私に近づくことができなかった。そんな時は私は彼を『あなた』と呼び、こんなふうに叱りつけた。『いい、これ以上ついてきたら警官を呼ぶわよ』。そのため、彼は何人かの男の子を私にけしかけた。彼らは私を待ち伏せし、私に石を投げつけた。しかし、私は電光石火のように逃げ去った。学校でも、私は彼らがホールで大勢集まって、私を待っているのを見た。私はそのことに脅えた。私は先生たちが気がついて、私が彼らに何かをしたと信じるのではないか、と怖れた」

ここに悪い評判への怖れが現れる。

「当時、私たちは男たちと関わりあう女の子のことをブアママーデルンと呼んだ……ピアノ学校には、ギムナジウムの生徒がいた。彼は私に探偵小説を貸してくれた。ハインリッヒからも借りてもらった。私はそれをゾフィーやオルガと一緒に、一気に読んだ。それが次第に私の情熱になった。それで夜は私は不安で眠れなかった」

多くの子どもたちが探偵小説をとりわけ好むことは、わくわくしたいと思うこと、読者がトリックを発見し、人を意のままにすることができる練習をしようとすることに関連している。これは他の人よりも優れたい子どもたちにとりわけ当てはまる。それは強く刺激する。その際起こる不安は共感に関連がある。即ち、追跡されている人に共感する人はわくわくすることに関連している。その緊張は、読者に人を救うことを思いつかせる。

「犯罪映画を見ることも熱狂的に好きだった。ある時、フェニックス映画館で『地下室の男』が上映された。未成年者は入場が禁止されていた。一日中どうすれば入れるか、じっくり考えた。ついに私は年上の女の子からチケットを入手してもらい、帽子を目深に被り、うまく紛れ込むことができた」

探偵小説と犯罪映画の影響を見られる。

「その映画は私に怖ろしい影響を与えた。丸一週間、私は不安で眠れなかった。暗闇の中で、ほとんど息ができなかった。私は母を起こし、母が寝てしまうと、父を起こした」

両親を夜もわずらわせるという傾向をわれわれはこの少女についてずっと前から知っている。彼女が共感することで不安な気分になる時、彼女のライフスタイルが命じることが起こる。〔不安の〕気分がなくても同じことをしたであろうが、その気分があればいっそう正当化されると感じるのである。

「怖ろしい身震いが私に次のことを引き起こした」

われわれは、この少女がどのように書き始めるか、どのように不安になり、吝嗇漢が宝物を集める時のように、極度の勤勉さで不安が呼び起こしうるものをどのように収集するかを見る。

「父は巻き上げブラインドをたしかに下げるのだが、〔完全には〕閉めないという習慣があった。通り過ぎる人は、誰もがやすやすと中を覗き込むことができた。ある時、私は両親の間でベッドに横になっていたが寝てなかった。父はまだ本を読んでいた。父は寝る前に一時間本を読むことを習慣にしていた。突然、私は、精神錯乱している人の目のような二つの目が巻き上げ式ブラインドの薄い板の間から中をじっと見つめているのを見た」

ここでも少女が叙述しているような仕方で中を覗き見ることのエロティックな感覚が認められる。彼女が途方もない恐怖について語る時、不安をかき立てるような確認を集め誇張するという彼女の傾向を忘れてはならない。

「国民学校での最初の三年、私は非常に功名心があって勉強もよくできた。歌の時間の練習をもっとも楽しみにしていた。私自身の声は美しくはなかったが、音感はよかった。何人かの子どもたちが歌ったが、いつも音が外れていた」

ここでも自分と他の人との間の違いが強調されているのが見られる。この違いは、誰にとってもそれをずっと保持するほど重要であるというわけではなかったであろう。

「震えはそれが呼び起こされた時、口を開くことさえさせなかった」

ここで彼女は何らかの能力を使えず、取り乱す子どもたちの強い劣等感を見事に認識した。私は口笛を吹けないということでほとんど絶望していた子どもたちを知っている。そのような少女も知っている。私は長く成功しなかったと話してくれた男の子に会ったことがある。ある日、成功した。彼は、あたかも神が自分の中にいて、その神が口笛を吹くのだと感じた。われわれはこのイメージから彼がどれほど重要な意味をこの能力に帰しているかをはっきりと見る。

「それは頭を机の下に突っ込ませなければならないほど私を刺激して笑わせた」

笑いも言葉であり、意味を持っていることをわれわれはずっと前から知っている。ドストエフスキーもいっている。「笑いから人の性格を推論できる」。彼女は机の下に頭を突っ込まなければならないほど笑う。自分が他の人よりも優っていると感じているということを他の人に見せることを辛いと思っているように見える。教室を思い浮かべれば、机の下に頭を突っ込むことほど人目を引くことはないことがわかる。われわれの少女よりも無邪気に見える誇張である。

「その上、時々大きな声で笑うことについてちょっとした災難が私に降りかかった。四年生だった十歳の時、成績が下がり始めたのである。私は怠け者になり、目立たず、夢うつつでいるようになった」

なぜこの少女が四年生の時に勉学熱が衰えたのかはわからない。おそらく先生が代わり、新しい先生からたまたま罰を受け、そこで突然勉強をしなくなり、ついに勉強を放棄したのだろう。甘やかされた子どもたちはしばしばうまくいっている限りは前に進むが、困難なことが起これば努力をやめることがある。

「先生は私が勉強ができるはずだが、ただ怠けているのだと思った」

そのことで彼女は十分満足した。それが、しばしば怠けることが子どもたちに提供する利点である。〔できるという〕見込みがあれば十分だった。彼女の推測は間違っていない。「屋根の上の鳩より手の中の雀のほうがいい」は、もっとも偉大な智恵の現れである。「私は一番になりうる」という感覚で十分である。大きな世界を壊さないためにそれを超えていかない。ハリュス河[1]を超えない。何かをした時には誰もが彼女をほめるという利点を持っているのである。いつも何かを成し遂げている他の人のところでは、彼女がすることはまったく目立たない。怠け者の子どもたちは利益をもたらす道に行き着く。すべての教育困難な子どもたちのように、〔責任を〕軽くする状況のもとでは働く。少なくとも彼〔女〕らにやる気を起こさせる。

「父には、私がどんなふうに学んでもまったくどうでもよかった。私の健康だけが大切だった。十分外に出ることだけを配慮した。夕方、仕事の後、父はしばしば私と一緒に出かけた。私たちは早足でリング（環状道路）の外へと歩いて行って、環状線の高架橋で並んだ。恐怖を感じながらも、トンネルから出てくる列車の到着を待った。遠くからも列車が大きな音を立てるのが聞こえた。電車は私には怪物、竜、悪魔に見えた。うなりをあげて通り過ぎた瞬間、私はいつも私を今にも包み込もうとした列車の煙から逃げた」

このようなちょっとした出来事も誇張され、比較され、鉄道を見ることを拡大しようと努力している。そこから彼女自身も不安になることの可能性の利点を引き出している。彼女は、恐怖からもはや脱出することがない限り、こけおどしを持ち出すだろう。これが昂じて不安神経症になる。

「高等小学校でも私はいい生徒ではなかった。入学した最初の年のクリスマスの時、私はピアノがほしくてたまらなかった。父は私に使い古されたピアノを買いたかったのだが、適当なものが見つからなかった。もうクリスマスの朝がきていた。私は叫び、ののしり、夜までにピアノを手に入れられなければ、もう食べない、勉強もしないと脅した」

ここで父親との関係も、支配しようとすることで、悪くなったことはほとんど疑いない。

「その頃、父はかなり稼いでいて、こんなことがなくても私にピアノを買うつもりだった。私が大騒ぎをすると、父は折れ、分割払いで手に入れる、と約束した。あれこれ騒ぎがあった後、アップライトピアノも間に合って到着した。私の人生においてこれほどの至福の喜びを持ったことはなかった。私はピアノを開けてすぐに弾き始めた。それから、私はゾフィーのところへ行って、見にきてくれるように招待した。私は父がやめさせるまで、何度も何度もピアノを弾いた。その日、私はこの上もなく幸福だった。最初の休みの日、朝早く起きて、熱心に練習した。それまでは既にピアノを持っていると皆に信じ込ませていたが、今や嘘をつかなくてもよくなった。私はゾフィーと連弾をした……ピアノ学校で、学年の終わりのコンサートが準備された。そのためにきれいな服を着られたらと思い、白い靴がほしかった。しかし、父は新しいのを買ってくれず、古い靴をラッカーで白く塗った。ゲネプロ（全体リハーサル）が日曜の午後に行われた。私たちは曲を通して演奏した。プロのようなおじぎの仕方を習って覚えた。万事よどみなく運んだ。私は少しもあがることなく、曲を間違うことなく演奏した。そのうちの一曲はゾフィーと一緒に弾いた」

彼女はこれまで失敗したことがなかった。もしも失敗したり、危険な状況の前に立った時にどうなるかを、われわれは具体的に描写できる。上り調子である限りは、緊張することはない。

「私の友人はことのほか目立っていて、最後に詩を朗読した……ところで一年後、私がピアノを弾くことで稼げることがわかった。ティルデの父親、シュトッキンガーさんは、ワイン酒場の給仕だったが、私たち二人に彼の酒場で演奏することを提案したのである。ある晩、私たちはマーチ、カドリユ（四組で踊るコントラ＝ダンス）、ワルツを連弾した。しかし、酒場の入り口の前で、私たちは勇気をなくした。私たちはどちらが先に行くかで喧嘩をした。ついに私たちは助走して、一緒に歩いて入った。シュトッキンガーさんはすぐにテーブルを指して、ワインを持ってきた。それから私たちはピアノのところへ行くように促された。内気な私たちはためらった。何度も説得され、席に着き、右も左も見ないで鍵盤を叩き始めた。私たちは拍手喝采を受け、そのことが私たちをいい気持ちにさせた。しばらく休んだ後、二曲目を披露した。レパートリーを終えると、給仕と共にお金を集めにまわった。私たちはお金を分け、帰り道でボンボンとチョコレートを買った。父には六ペニヒ渡した……私たちの酒場の横のレストランで、毎週水曜日と日曜日に競技者協会の集まりがあった。鼓舞するためにピアノ弾きがいた。私はしばしば選手が練習をしているのを眺めた。彼らは音楽に合わせて行進し、巨大なダンベルを持ち上げ、それをしかるべき高さまで持っていけなかった時には滑稽な表情をした。腕が揺れ、お腹が揺れた。ようやっとのことで、私は笑いをこらえることができた」

何という仕方で彼女は強い人に仕返しをしようとしていることか！　彼女はあらゆる人を笑い飛ばすのが一番好きで、常に笑える理由を見つけている。

「ある時、ピアノ奏者が突然病気になった時、主人夫婦は困ってしまった。そこで急遽代役を立てたいと思い、私のことを思いついた。その際、一クローネもらえることになったので、私はすぐに引き受けた」

ここで中断し、少し子どもたちのお金を稼ぐ傾向について話さなければならない。それは正しい道へと導かれなければならない子どもたちの大いなる憧れである。われわれは他者に経済的に依存し、お金を稼いだことがない多くの成人についてのわれわれの調査から似たようなことを学ぶことができる。それは神経症的な理由から一度もお金を稼いだことがない人をも圧迫する。ここで吝嗇、倹約、お金の憧れについて語るのは誤りである。個人心理学者はそれをよりよく見ることができる。それは同じ価値を手に入れようと努力することである。われわれの文化において、お金がたとえ不十分なものであっても人間の価値をはかる基準になったので、誰もが〔所持する〕金額で自分の価値を見る努力をする。子どもたちも自分に価値があると感じたいと思う。そのようにわれわれはお金やお金を所有することへの憧れを同等でありたいという欲求と理解する。

「運動選手たちは私に非常に満足し、私にタルトとビールを提供した。彼らのうちの一人がひどく太っていた。あまりにしばしば彼の番になるので、私は歌を鳴り響かせた。『飛べ私の少女よ！

……』。ついに私はさらにチップをもらった。そこで私はいばりちらした。家族には横柄にふるまい、家族の質問には神経質に答えた。家族が私をいたわってもこのような骨の折れる仕事の後は答えたくはなかっただろう」

「人はより高い目標を持って成長する」

少女がどのようにいばり始めるかわかるだろう。彼女は既に早い時期からそうし始めたが、自分が見られる以上によく見られるためである。

「ピアノ弾きの病気が続く限り、私は彼の代理を務め、その後も時たまそうした……私たちの小さな家ではほとんど動くことができなかった。ゾフィーの家の中の……またもや平屋だったが、一部屋分だけ大きな家が空き、部屋もキッチンも非常に広かったので、私たちはそこへ引っ越した。友人のゾフィーは非常に近くにいたけれども、長く一緒にいられなかった。家主が何かの理由で彼女の父親に解約の通知をしたのである。ゾフィーの両親は店を売り、オッタークリンクへ移った。私のところからはかなり遠くなった。私は友人のところをしばしば訪ねた。彼女は私に彼女が惚れ込んだ男のことについて話してくれ、私に会わせもしてくれた。私は彼女を見て思った。『こんな人とは関わりたくない。彼のことは忘れなさい』」

われわれはこの態度も既に知っている。他の人が持っているものはまったく価値がない。

「しかしそのことは彼の気を引くことの妨げにはならなかった……ゾフィーのところへ行く時に

は、私はいつも入念に着飾り、彼女の前で色っぽく回転した。彼女はひどく驚いた」

この少女に気に入る女友達の理想がどんなものかわかる。友人の役割は彼女に驚くことである。彼女の批評をし、ぐるりと回って彼女を見ることである。

「彼女は私に夢中になった。私が何をいっても、熱心に受け入れてくれた。外で彼女は一人の少女と知り合ったが、その少女について私たちは二人とも鼻に皺を寄せた。ゾフィーは私に彼女とはただ退屈しのぎにつきあったが、私のことだけを考えていると説明した。彼女に嫉妬させるために、私も同じように男の子に夢中だと信じさせ、彼がいかにすてきか、どんなふうにキスをし、映画館で楽しい時を過ごしたかを詳細に描写した。きっと彼は私と結婚するだろう、といった。そして、私は彼女に初夜の間ベッドの下に潜むことを約束した。彼女も私よりも早く結婚した時には、同じことをすると約束した」

より多くのことを知っていたいという憧れを見るだろう。

「それから、私たちは抱き合って、永遠の忠誠を誓った……彼女はしばしば里親のことで愚痴をいった。彼は下品な冗談をいっては、彼女をひどく不快にさせた。その上、彼女に触りたいと思ったのだろう。彼女は彼を非常に怖れていた。私はそれを聞いた時、ぞっとした。彼女の父親は非常に厳格でもあった。悪い成績を家に持って帰ると、すぐに平手打ちをした。私の父はこんな時ただ笑い、冗談をいった。『五は一より多い』（評点一は最優秀ということ）。ある時、常はいい点の宗教でも五を取った。それは事実だった。私は日曜日、ミサに欠席した。納得するに足る理由をいわなければならなかった。その代わりに私はなぜ姿を現さなかったかという教理問答に答えた。『したくなかった』」

　われわれは、学校ではこのようなことにおいて真理を語るよりも危険なものはないことを知っている。嘘をついている間は人は立派な人だが、真理を語れば最大の犯罪者である。学校でどのようにこの訓練から脱出するのか私は知らない。子どもがこんなふうにいえたらいいのだが。退屈した、と。あるいは、なぜ私に挨拶しなかったのかという問いに挨拶したくなかったから、と答えられたらいいのだが。子どもが嘘をつく時、子どもは人間の共同体の大切な成員である。真理を語る時、子どもは堕落している。

「クラスの全体はひっそりと静まりかえっていた。それは冒とくのように聞こえた。しかし、少なくとも率直だった。教理教師は、私の正直さを評価するすべを知らなかったのである」

　われわれはこの少女がどのようにここに到達したかがわかる。教理教師に対して優越感も持っているに違いない。

「小学校一年生の時だったと思う。父は当時カレンダーのようなイラストが描かれているキリスト教徒迫害についての本を持っていた。私はまだよく読めなかったので、父がそれについて話してくれて、絵の説明もしてくれた。人形を使って私に全シーンを上演してくれた。大抵、私はそれを王の娘役にさせた。おそらく拷問を表したあの絵の影響で、私は次のようなストーリーを考えついた。他国の最高指揮官が私を誘拐し、投獄された私の夫の目の前で繰り返しキスをした。彼は叫び声を上げた。最高司令官は、解放の条件として誘拐された私の了承を得て何人かの刑吏によって彼を残忍に両断させ、ペンチで挟ませ、それから皮膚を剥がせた。すべてを正確に演じている間に、突然私は奇妙な感覚を覚えた」

　ここでわれわれはサディスティックで性的な幻覚の出現を見る。その幻覚において、彼女はおそらく傍観者だが、誰かが調子がよくないことを見ることは、彼女の傾向である。この少女においてわれわれはそのことについて驚くことができるだろうか。われわれは既に彼女がしばしば他の人をけなすことを見てきた。彼女がこのような幻覚に到達することは、二重の観点に基づいている。1. 父親がキリスト教徒の迫害を用いて、元来サディスティックで苦痛に満ちた場面や像で性的な刺激へ扉を開いたということ。2. 彼女はこのようなシーンを見ても、他の多くの人がこのような状況に共感する時のようにぞっとしたり、心臓がドキドキしたり、便意や尿意を催したりしないで、むしろ性的な刺激を受けるタイプであるということ。われわれは彼女の不安の表現、犯罪映画を好むことは、不安の表現として完結して彼女の中に潜んでいるのではなく、さらに進んで性愛を刺激するということを理解する。

「それが過ぎ去ると、私は立ち上がって考えた。今やあなたはすばらしい発明をした！　このような上演でどんなに快い感覚を呼び起こせるかに感づいた人は誰もいない！」

われわれは彼女が不安（恐怖）感情を訓練をしてきたことを聞いてきた。そうすることで彼女のタイプがはっきりと現れ、この方法でより強く訓練を始める。

「高等小学校一年生の時に初めて、性交にかなり近いことを経験した。早熟で身体的にかなり発達した女の子のグループがあった。彼女たちは子どもがどこから生まれるかを正確に知っていて、きわどい冗談を理解し、男の子たちと歩き回るといわれていた。休み時間には、いつも互いにひそひそ話をするのが見られた。私も同じようにしたかったので、彼女たちに近づき、彼女たちの信頼を得るために彼女たちのやり方でふるまい、家への帰り道では彼女たちの仲間に加わった」

子どもたちが、より多く経験するために、経験したふりをすることはよくあることである。ここでわれわれは、学校で性教育がどのように行われているかをはっきりと見る。私はどんな方法でも子どもたちのさまたげになると確信している。性教育がもたらすものは、学校で価値を認められる自然の成長に比べて価値がない。子どもたちは、教えられる時には既に批判的で、何も信じないのである。

「私はある時、ことのほか多くのことを知っているという評判の人と二人きりになった。その時、私は彼女に子どもはどこから生まれてくるか知っているかとたずねた。彼女は知っている、といった。私は教えてほしいと頼んだ。最初は答えようとしなかった。しかし、彼女が答える決心をするまでしつこく迫った。私は聞いたことを何ももらさないと誓わなければならなかった」

このもっとも経験があると知られている少女が、どれほど臆病で恥じ入り、それを秘密として守ることを要求しているのかがわかる。

「それから彼女は私と腕を組んで、あちらこちらへと行った。そして、私に子どもを生むためには交わらなければならないといった。『交わる』という表現を私は理解できなかった。それで彼女はなりゆきを描写した。私は身震いして叫んだ。『本当のはずはない！』」

第八章

この伝記をざっと読む際、われわれはこれまでどの傾向にもためらわず共通の分母を当てることに成功した。甘やかされた子どもが問題になっているのである。甘やかされた子どもは、いつもリーダーであり、いつも指揮しようとするが、自分のシステムに属さないあらゆる状況を排除しようとする。人は誰もが自分のシステムに捕らえられている。皆さんの中の精神科医は、精神医学において重要な役割を果たしていること、即ち、パラノイアを思い出すだろう。パラノイア患者は、妄想表象を整頓できるためシステムを発達させそれを所有していると主張されるだろう。個人心理学は大きく一歩を踏み出した。個人心理学はシステムに属していない表現形式はないと考える。この主張が正当化されるか見てみよう。

「私の不信感は彼女を少し傷つけたように見えた。しかし、全体を私にもう一度叙述してくれた。今度は私はただ特定の人がつきあうのか、それとも皆がそうするのか知りたかった」

これは、子どもたちがそれを少しでも知れば、よくする質問である。

「彼女は答えた。『皆よ、そうでなければ子どもはできない』。そして、それについて近いうちにもっと話すことを約束してくれた」

ここで私が既にしばしば話してきたことを見るだろう。子どもによる説明が、学問のある説明よりも有害であると信じるべきではない。学者による説明と子どもによる説明を比べれば、子どもによる説明のほうが好ましいと思えるだろう。それはずっと人間的で、繊細である。性教育を受けた子どもは、疑うことができ、真理に対する準備をしている子どものいうことを真に受ける必要はない。誤った権威を与えられた人が進み出て、ぶっきらぼうな仕方で絶対の権威を持って説明する時、子どもは準備する時間を持たない。疑う時間、抵抗する時間、自分と和解する時間を持たない。性教育の説明に関するノートを手にしさえすればよい、そうすれば、子どもたちのほうが繊細であることがわかるだろう。

「立ち入った説明にもかかわらず、私は彼女の言葉を疑った。私にはそれはきわめて不潔に思えた。興奮した気分で家に帰った。それについてよくよく思い悩めば悩むほど交わりは怖ろしいことに思えた。私は人類全体に怖ろしい吐き気がした。私の両親は例外である。二人がこのような不潔なことをするとは信じられなかった。私は下品な人だけが考え出し広まったよくある冗談が問題になっているのかと考えもした」

事実を軽く見ようとしているのがわかる。

「しかし、私は、よき人、とりわけ私の両親はこのようなことは決してできないだろう、と考えた。そして、そのようなことをした女の子は汚れ、品位を落とされた、と私には思えた。こんなことがあってなお生き続けることができるとは、私には理解できないように思えた」

ここにはどんな最善の説明においても避けられない障害がある。子どもは既に確固たるライフスタイルを持っているからである。このような子どもが先頭に立ってどんな関係においても抜きん出ていたいと努力していると、このような説明をすると何か品位を落とすことが問題になっているという印象を持つだろう。そして、遅かれ早かれ、このような思考、行為に抵抗するのは自明である。これは入念な説明をする時にも避けることはできない。少女が多かれ少なかれ抵抗するかどうかは、少女が誇張された野心を持っているかによるだろう。彼女は困難に陥り、女性の役割を拒否するだろう。ここで女性の役割がそのように脅かされたものに見えるということは、男性に特権を与え、セックスにおいて男性が優位にあると見せるわれわれの文化の特質である。それは文化の欺瞞である。われわれがそのような特権を完全に根絶でき、男性にいかなる特権も与えずに対等を実現すれば、その時、このような辱めるというような考えはいかなる場所でももはや見出されないだろう。しかし、「毛皮を洗え、でも濡らすなよ」というわけにはいかない。説明するだけでこの悪を取り除けると私が信じるとしたら、あまりに単純である。

「こんなことがあってなお生き続けることができるとは、私には理解できないように思えた」

このような燃えるような野心を持っている少女が愛と結婚の問題に拒否の態度で直面するのが想像できるだろう。そのような少女たちは緊張して〔課題を〕回避することを試みる。誰かが生活領域を確保するという課題を愛と結婚が回避されているところに置く時のように見えるだろう。

「しかし、私自身がどのように生まれたかについてはじっくり考えたことはなかった」

これは女性の役割、性的活動の拒否が価値があるとされる形式の一つである。〔しかし〕彼女がしていることは積極的な仕事で、ずっと困難である。駝鳥のように何も見ようとしないことは、私はどのように生まれてきたかという問題にぶつかるよりも知的な仕事に属している。

「私はゾフィーに私が経験したことを報告したが、私はあまり信じられないと付け加えた。すると、彼女は私に少し前に彼女の両親のベッドがひどく揺れるのを聞いたという話をした。暗かったので何も見なかったが、揺れはあまりに怪しかった。両親はたしかにセックスをしていただろう。彼女は私にその揺れを正確に描写しなければならなかった。それから私は彼女にいった。『あなたの親ならありそうだけど、私の親はそんなことはきっとしない。私は二人の間で寝ているから、とっくに気づいていたに違いない。私の父は敬虔なのでそんなことはできない――父はもともと司祭になりたいとすら思っていたのよ』」

ここで優越性の基礎に由来する考えが思い浮かぶのを見る。父親が仕立屋であることを以前にいっていなかったように、彼女は今や再び父親を司祭になりたかったという栄光で囲む。

「その後すぐ、何でも知っている学校の友人に再び同行した。彼女は私にさらに多くの私には怖ろしいことに思えたことを報告した。つまり、結婚した女の人は皆セックスをするということ、最初はひどく痛くて出血するが、高級娼婦はそれをお金のためにして、妊娠しないように手術をする、男はコンドームを使うということである」

　われわれはここで性教育の領域にいることがわかるだろう。

「その後間もなくして、別の女の子が分厚い医学書について話した。それを家で密かに読んだというのだ。その中には、性交について、さらに性器についても詳細に説明され図解もされていたという。私は彼女に本を貸してくれるよう頼んだ。しかし、彼女は両親がそれがなくなったことに気づくか、私の両親が私の家で見つけるのではないかと思うと怖い、と答えた。しかし、私はそのような疑念を晴らした。そして、私に二時間だけ貸すことを約束してくれた」

　本でよく調べるということは性教育の時によく起こる出来事である。話して知るということが驚くほどの役割を果たす。

「彼女は私を招待してくれた。私たちは本を新聞紙に包み、私は心臓をドキドキさせて運んで戸棚の下に置いた。食事の後、それを引き出して、部屋の隅にすわった。両親はたまたまひどく忙しくしていて、私には注意を払わなかった。私は極度に緊張して読んだ。今や私ははっきりと知り、セックス以外のこと〔で子どもが生まれること〕は信じられなかった。しかし、なおも私の両親がそんなことができるとは思わなかった。そこで私は決して結婚しないと決心した」

ここでわれわれが予期していたことの確証を得たことがわかる。われわれはそれまで発達したライフスタイルにしたがってまさに正確にふるまい、結論を引き出すことができるということである。

「めったになかったことだが、父と母が互いに優しくなった時、以前にまして二人の間にいて、私だけが優しさを受けるためにいるということを理解させた」

ここでも性への反感が問題になっている。嫉妬、エディプス・コンプレックスが問題になっていると信じる人は、ここで示されている見事な統一を台無しにすることになるだろう。

「夜、私は両親の間でケルベロス（冥府の門を守る頭が三つの犬）のように寝た。しばしば私は何時間も目を覚ましていた。必ずしも様子を窺うためではない。なかなか眠れなかったのだ。父がいびきをかくと、私はお下げ髪でくすぐった。母がいびきをかくと揺り動かした。私はいびきを耐えることができなかった」

ここでは部分的にテーマから逸脱しているが、ここでも私、またもや私だけである。すべてのことは、私が意図するように起こらなければならない。後に大人の生活の中にある特異性、例えばいびきを我慢できないということが見られる。患者はいびきや明かりをつけることのような妨害するものに抵抗する。このようなちょっとしたことに、力への意志が反映されているのが見られる。人が他の人に法を強いようとする取るに足らないきっかけである。平和を要求する時に、もっとも圧倒的な強制が見られる。それはもっとも多く行われる手段である。控え目に見えるけれども、あるのは強い権力欲求である。あたかもそもそも何もしないでいるというようなことがあるかのように。他の人は私によって人生の法律を受け取れ、他の人は私の要求が普遍の命令になるように生きよ。

「ギュルテル（帯状道路）に行くと暗くなるとすぐにあちらこちらで売春婦が見られた。今や私は彼女たちをまったく別の目で観察した。そこで何が行われているかを見るために、隠れていられたらよかったのに。夕方、Ａ通りの家の玄関で、性器を出している一人の男が立っていた」

露出症患者を見たことがないという女性や少女は少ないだろう。よくある現象だが、男性は知っている人が少ない。個人的に聞いたところでは、これは大いに広まった悪習の問題である。それはこのような少女に強い影響を与え、正常な道から大きく逸らされる。

彼女の伝記の叙述において、彼女も影響から脱け出ることはない。彼女は自分が逃亡の道を歩いていることを知っている。他方、彼女は非常に熟考し、彼女のライフスタイルの線を追求し、その構成要素は、優越性の追求と彼女の〔ライフスタイルの〕システムに適合しないすべてを排除する努力によって、次から次へと続く。

「私は叫び声をあげ、狂ったように走った。私の人生でこれほど速く走ったことはなかった」

どんなに強調されているかがわかるだろう。後にあらゆること、誰においても示される逃避である。

「高等小学校二年生の時、私のふくらはぎは細いと思い込んだ……」

これは自分の美しさへの疑いである。われわれは立ち止まり、この考えを組み入れることを強いられる。この少女は少し疑っている。自分が美しいと思い込んでいれば、そのことは愛の方向において前に進んでいく衝動になるだろう。彼女は彼女の美しさの真価を発揮できれば妥協できるだろうかと。しかし、彼女は疑わなければならない。だからこのような〔ふくらはぎが細いという〕発見をすることになる。このことについては、まだこれからも聞くことになるだろう。

「……そこで、私はストッキングを三足履いた。父はそのことで怒った。夏だったからである。そして脂足になる、といった。私はストッキングの上の部分を切って、ハイソックスにして履いた。それから私はふくらはぎに綿で詰め物をした。その上、父のトランクスもそのために使った」

この行動様式が魅力への疑いに発していることを別にしても、それは神経症的な状態についての知識からわれわれが知っている傾向、即ち、有用ではない領域における積極的な行動、有用でないことの強調である。人生の調和はそれによって妨害される。

「私の腕も――」

次にどう続くかわかるだろう――

「細く思われた」

われわれは自分の醜いところを発見するであろうことに準備ができている。「それゆえ、私は結婚できない。私は愛を私の人生から閉め出さなければならない」。彼女は回避するために、蜜蜂のような勤勉さで〔回避することを正当化する理由を〕集める。

「私は断じて短い袖では外出しないだろう。さらに、私は蛇のような腕を持っていると思い込んだ。それゆえ、私は手をできるだけ隠そうとした。学校には豊満な体つきの女の子がいた。私には見るべきものがなかった。オルガと私は互いに胸を巻き尺で測った。結果は、心を非常に暗くするものだった。そこで、私たちは胸の谷間にハンカチを詰め、ギュルテルをこれ見よがしに歩き回った」

これは他の人を引きつけようとする試みのように見える。他のことと連関して、われわれは少女が劣等感を持っているのを見る。彼女は彼女がいうように、よりよく見えるための試みをしている。この試みには強い劣等感が隠されている。彼女がこれまで何をしてきたとしても、愛と結婚への何らかの呼びかけはこの思考過程においてはなされない。ギュルテルあたりをこれみよがしに歩き回るためには十分だったが、結婚のためにはあまりにわずかだった。

「ある時、頭を撫でた時、私は頭がとがって角張っているかのように思えた」

今や彼女は途方に暮れている。彼女はふくらはぎをより大きく見せることができる。ハンカチを前に差すことができる。しかし、頭はどうしたものか。このような訓練がさらに続くのがわかるだろう。これまでのすべてのことは不器用な人の仕事であり、彼女は自分が愛には向いていないということを証明しなければならない。

「私は可能な限り帽子をかぶったままでいた。汗が流れ落ちた。でも脱がなかった。今、私はある時、八歳だったと思う、学校で帽子を脱ぐのを忘れたことがあったのを思い出した。教師は私にまだ帽子を被っていることにまず注意しなければならなかった」

ここで回想と忘れた事実についてさらに語ることは価値があるだろう。私はそれらはまったく重要ではなく、夢想的な少女の兆候として見なされるべきだという印象を持っている。おそらく、学校が嫌いであることを、そのことで証明したかったのである。

しかし、ここで何が起こっているだろうか。この少女はそれをまだいっていないように見える。しかし、われわれはそれを読み取ることができる。彼女は子どもの時、既に頭を隠したいと思っていたということを暗示しているのである。このような作為的な証明は神経症者にしばしば見られる。神経症者は何かわけがあるに違いないことを証明したいのである。他の人も体験しているが、後の人生の要求に適合するように作為的に整えられた体験が語られ、このシステムに適合するようにいわば主張されるだろう。われわれは、どんな人であれ、その人生において、いかに都合がよくなるまで操作するか、その巧みさに驚く。もしもわれわれが人間の心が統一したものであることを知らなければ、なぜこんな取るに足りないことが強調されるか驚くだろう。それは人間の精神生活が統一したものであることを強いるものであり、精神生活の全体の創造力の一部分だからである。

「ところで、私はいつも帽子を自分で作った。しかも、父の端切れから作った。大抵は手に入らなかったが、時々は手に入った。帽子を作ることに、私は少しずつ熱中するようになった。ついに私はあまりに夢中になったので、父は残りの布を隠さなければならなかった」

私は彼女の場合、彼女が見られるものにセンスがあることを確かめたと思う。われわれは彼女が見映えのいいものを表現する喜びが、そのことのきっかけになったと想像できる。さらにわれわれは、彼女が一度も罰せられたことがなく、反対に、あらゆるものを美しいと見たと見なす。そこで彼女が帽子を作ることで訓練されたことを理解できる。ここには明らかに、何か気に入ったものを作ることへの強い関心がある。そうすることで、彼女は目立つことができる。

「父は古いコートを持っていた。父はそれを作り直すと私に約束した。しかし、父はそのための時間を見つけてくれなかった。そこで、私は父と喧嘩をし、父を罵倒した。私は父をカールと呼んだと思う」

彼女が父親といい関係にあるのがわかる。しかし、権力争いが始まると、いかに簡単に壊されるかをも見る。彼女は衝動的だという人があるかもしれない。どんな子どもも、甘やかされた状況の中で育てられれば、欲求を拒否されると衝動的になる。精神病質者について語るかもしれない。しかし、彼女は完全にしかるべき仕方で行動しており、われわれは目標が同じであれば違ったふうに行動することはないだろう。

「父は立ち上がって歯ぎしりを始めた。そして、私を少し叩いた。私は何も感じなかったが、またもや不安からちょっとした不幸が起こった」

この少女は不安が膀胱においても発散されるタイプに属している、と仮定できる。

「戦争が始まると、私たちは兵士のためにあらゆるものをできるだけ編まなければならなかった。マフ、レッグウォーマー、ソックスなどなど。私はミトンを作ることになっていた。私はいつも手仕事が下手だった。私は親指の代わりに人差し指を編んだ——そしてその逆も——それから指を無理矢理伸ばそうとした。渡す時、あえて私が編んだものをほとんど教壇に置かなかった。幸運なことに教師は何も気づかなかった」

戦争の時は、おそらくもっと悪いものが送られただろう。

「私のミトンが当たった兵士のことを気の毒に思った……二年の不在の後、リーナがプラハから帰ってきた。彼女は非常にエレガントで、スーツケースをたくさん持っていた。彼女が中身を出している間に、私はすばやく彼女の靴を試着してみた。それは申し分なく私の足にぴったりと合った。初めて履いたハイヒールだった——父はかかとの低い靴しか許してくれなかったのである。ある夜、近くのレストランへビールを買いにやらされた時、私は大急ぎで行った。そこに二人の男性が出入りしていて、若いほうの男性がある時、連弾することを求めていたのである。私は彼に少し夢中だった」

さて多くの人がここで愛について語られていることに驚くだろう。それが愛なのか、権力の問題が重要な役割を果たしているのかはたしかではない。おそらく優越性の追求の基準の全体が置かれている関係である。この少女が前に進む時、何か事態の進行を阻止する致命的なことが起こるだろう。

「私は彼に会いもした。しかし、どんなに努力しても、彼は私のハイヒールに気づかなかった」

ここで既に普通の人生ではもはや目立ったこととして見なされないであろう何かが始まる。印象づけるということである。しかし、それは世間一般にその言葉で理解されているのとは別の努力である。

「リーナは私にボヘミアのスリッパ、筆記用具、他にももはや思い出せない多くのものを持ってきてくれた。香水瓶、うがい水を持ってきてくれた時は、すぐに吹きかけ、口をすすいだ。今やあらゆるものが再び私のまわりに集まった——そのことが私を幸せにした」

今やわれわれは幸福が何にあるのか知っている。つまり優越性の追求の充足である。彼女はこの要求が満たされれば満たされるほど、注目の中心に立つという理想、幸福にいよいよ近づく。

「家の中に一匹ネズミがいた。何かが、例えば、グフロフ（鉢形のスポンジケーキ）が焼かれると、戸の隙間から入ってきた。匂いが引きつけたのである。母と私はネズミが大嫌いだった」

少女がネズミを怖れ嫌悪することは、世間一般にかなりよく知られている。女性的なテーマ、このネズミに傷つけられるのではないかという怖れのテーマが関与している。性的なシンボルではないが、少女たちがネズミの泣き声を聞いたらすぐにどうふるまうか、性的な攻撃が加えられたかのように身を守るかをよく考える時、このような種類の心配があることを理解できる。

「ある時、私は戸棚の中ですわってくよくよ思い悩んだ。それが当時既に私の習慣だった」

有用でないことに時間を割く傾向は高まる。

「父は台所に石油ランプを持ってきて、ミシンの側に置いた。私が薄明かりの中でそのまますわっていると、突然、戸棚の一方の端から別の端へと何かがさっと動いた。私は父のところへ走って行って叫んだ。『ネズミ！』。父は私は既にいたるところで見たので、何かの影だったのだろうと思った……私はネズミの匂いに敏感だった」

嗅覚についてはわれわれは既に聞いた。

「私は楽譜の上の匂いもはっきりと感じた。総じて私はいつも嗅覚が非常に鋭かった……ある日、よくあることだが、眠れずに両親の間で横になっていた。二人は既に寝ていた。真っ暗で非常に静かだった。その時、戸のところでがりがりとかき、かじる音を聞いた。私は驚き、怖くなった。最初は泥棒ではないかと思った。私は顔に毛布をかけ、不安で一杯で聞き耳を立てた。私はそれがネズミであることがわかり、そっと母を起こした。母は私に劣らず怖れた。それから父も起こした。父は私たちを笑い飛ばした。私は冗談で父にベッドから降りてネズミを追い払ったら、五ペニヒを払う、と約束した。しかし、父がランプをつけるとがりがりかく音は鳴りやんだ。ネズミが光を怖れたのは明らかだった……私たちは罠を買った。しかし、ネズミは罠にかからなかった。しかもネズミはいよいよ大胆になった。私たちはしばしば明るい昼までも、ネズミがかじる音を聞いた。私はネズミのことでひどい吐き気がしたので、両親に引っ越そうとせき立てた。私を落ち着かせるために、あらゆる可能で滑稽なネズミの話が持ち出された。私たちのところのお手伝いのクラズニーが、ある時ポケットの中にネズミが飛び込んだとか、母親の弟はネズミと遊ぶのが好きで、その上ある時、手の中に隠したというような話である」

ここでネズミはどこかに隠れることができるという考えが浮かぶのを見るだろう。

「しかし、私の灰色のネズミは攻略不可能だった――食事をしている時に、私はどこかでかむ音をたまたま聞いた。もはや私は何にも触れたくなかった。ついに母は隣の家から別の罠を借りてきて、脂身も使わずうまくネズミを捕まえることができた。父はネズミを溺死させたかったのだが、それが檻の中に閉じ込められているのを見た時、ネズミは目がきれいで不安そうに歩き回るので、かわいそうに思い、生かしておくように頼んだ」

どのようにこれを少女のライフスタイルに組み入れようか。この対象がどんなに小さくても、彼女が恩恵を与えるのであり、生殺与奪の権を握っていたのである。彼女には力の感覚がある。彼女はおそらくそれを達成するだろう。

「私たちはギュルテルへ行って、そこでネズミを放した……」

「その後間もなく私たちはさらに二匹目のネズミを捕まえた。しかし私は今や既にネズミに憤慨していたので、閉じ込めて溺れさせることに賛成した。母はバケツの中へ水をざあっと流し込んだ。父は罠をつかんだ。不幸なことに、ネズミは電光石火のように外へ飛び出し、どこかに隠れてしまった。母と私は腹を立てた。私たちはネズミがもう一度罠にかからないように用心しているのを知っていた。一週間後、私が家に帰った時——私たちの家は路地の片隅にあった——戸の前にネズミがすわっていた」

今やわれわれはネズミについてたくさん話したので気づくだろう。それは以前から準備されたもの、性的なことを問うことへの準備と連関しているに違いない。既に途中にあった何かがそこに反映されている。

「私は叫び声を上げ、家の門の中へと走って入った。そして、窓から両親に助けを求めて叫んだ」

彼女は露出症患者に対するのと同じようにふるまっている。

「母はすぐにほうきを持って近づいてきた。しかし、ネズミは既に姿を消していた。おそらく私たちが捕まえ、それゆえ、もはや私たちのところへはあえて近づかなかったネズミと同じだった。私はまたそのネズミが他のネズミに注意を喚起したのだと思う。なぜなら、それ以来ネズミに害を加えられてないからである……ネズミ捕りの前でも、私は大抵の人と同じように吐き気がした。私たちの中庭にはネズミがたくさんいた。運河から這い出てきたのである。父はネズミがトイレの中で口笛を吹いているのを聞いた人がいるという話をしばしばした。私はネズミがお尻を噛むのではないかと怖れた。番犬のベロはネズミを捕るために放された。それは中庭での野生の狩りだった！管理人はほうきを持ち、ネズミを追いかけ回した番犬を駆り立て、私たちは不安で一杯になりながら追いかけ回した。大混乱……不快だった……当然、蜘蛛にも私はぞっとした」

彼女はここで彼女がぞっとするものについてさらに話し始める。彼女はこの思考過程から脱していない。

「ある朝、靴を履いた時、中に何かねばねばするものを感じた！　私は靴を隅へ投げ、しばらくこの靴を履かなかった。またある時、朝早くベッドの上のほうの壁に蜘蛛がいるのを見た。私はすぐに飛び起き、父と母を呼んだ。父は蜘蛛を打ち殺そうとした。しかし私はそうすることは不吉を意味すると考え、手にとって、ついにそれをバケツの中で始末した」

「ある日、オルガがシベリアで手に入れた戸棚の中に見つけた」

蜘蛛？　ネズミ？　いや。

「カサノーヴァの回想録を。三年生の時だった。私たちはそれをおもしろがった。それから彼女はたくさんのエロティックな本も見つけた。それは黒い装幀がされ、秘密の文庫という題字は白かった。私たちは好奇心で震えそれを屋根裏部屋へ運び上げた。そして、そこから互いに読んで聞かせた。本は『黒いドンファン』『黒い点を持った女』『プールのスイミングインストラクター』などだった。その中では、ぞっとするようなことが起こった」

表面的な観察者はこれは性愛の表現であると見なすのは当然である。〔しかし〕それを性愛からの脇道、彼女にとって人生のわずかな道を脇へ片付ける努力と見なすほうがずっと正しい。エロティックな描写のある本を読むことは、現実から逃避することを意味する。

「文房具店のショーウィンドウで絵葉書を見た。私はそれに非常に注意を引きつけられた。それはニュムペ（乙女の姿をした精）にものほしそうに巻きつき、耳の中に何かをささやくケンタウロス（上半身が人、下半身が馬の形をした怪物）が描いてあった。すぐに買えればよかったのだが、気後れした。この絵は私を落ち着かせなかった。くる日もくる日も、私は展示の前へと引きつけられた。ついにある時、私は勇気を奮い起こして、店の中へ入った。私は喜んで家に帰り、それを私の洗濯物の中に隠した。そして、一人になった時、取り出して、それに没頭し、本当に生き生きと私をケンタウロスの立場、すぐにニュムペの立場へ身を置いた」

先にわれわれが彼女は読書に際して性的に刺激するものを求めていることを見たが、ここでは彼女はさらに先へ行き、写真表現に関心を持ち始めている。視覚的なものに向かっている。

「しかしオルガには写真はまったく感銘を与えなかった」

ここから二人が性の発達において異なった道を歩んでいる、と結論づけることができる。オルガは別のタイプであり、おそらくそれほど怖れてはいない。

「滑稽なことに、少年たちは私が彼らをからかう時だけ、私を刺激することができた」

ここでわれわれは確証を見出す。写真を見、エロティックな本を読むこと！　しかし少年たちはふざけるためにだけいる。

「私はただの一人ともキスをしたことがなかった。私の若い頃の性生活は空想に使い果たされた。例えば、サウル王（イスラエル最初の王）の物語を想像した。サウルは、彼が夢中になった女性の夫を戦争に送った。そして、最高指揮官から奪い取った妻を強姦し、彼女の夫が刑吏の手下に責め立てられるという話も何度も繰り返し想像した。しかし不倫行為は無条件にそこになければならなかった」

彼女は既に早くから性の空想をしていたことを思い出している。

「次第にただ想像するだけではもはや満足できなくなり、それを目に見えるようにし始めた。紙に非常に豊満な女性と非常に屈強な男性の絵を描き、人物を切り抜いて、二人をきわどい位置に置いた。しかし、私は絵を描くのが下手だったので、私の切り紙はひどいものになった。それで、私は物語を書くほうがいいと決心した」

ここで新しい訓練が始まるか、続く。その暫定的な結果が伝記であると見なすことができる。彼女は巧みに書いており、文才がある。

「私はまず最初に導入部の草稿を書いた。そこではブロンドで処女である少女と彼女の婚約者のことを書いた。その少女の外見を詳細に書いたが、男性にはあまり関心がなかった。それから小説が始まった。粗野な若者で彼女に恋心を抱く婚約者の友人を登場させた。そして婚約者に非常に拒否的な態度を取る彼女も、粗野な男に惚れ込むのである。彼がシャワーを浴びている時に聞き耳を立てるシーンで、私はもう一度少女を事細かに描写し、自分の描写にうっとりした」

ここでも知識のある人は、彼女が性の規範から抜け出すために、新しい道を求める際に起こる混乱が容易にわかるだろう。ここで脇へ逸れる傾向は、規範が排除される時に残っている惨めな残りに他ならないことがわかるだろう。

「最後に、私は二人の抱擁を描写した……私は自分を鏡に写して見るのが好きだ」

ここでも再び見るものへの傾向が見られる。覗き見嗜好者を思い出す、このような少女は、いつも鏡と強い関係を持つだろう。

「他の少女は私に吐き気を催させた」

これは同性愛へとこれ以上進まない試みである。

「私自身が私には一番気に入った」

「最近、私はしばしば意気消沈してあちこちさまよったが、人の顔をあえて正視しようとはしなかった。私は私のことが何でも知られていると思い込んだ。そして、もはや大きくならないのではないかと怖れた。私は既にひどく不幸だった。ついに私はある時、父のところへ行って耳元へ囁いた。『お父さんに告白しないといけないの』。父は一体どうしたんだ、とたずねた」

このような発言は甘やかされた子どもたちとの関連でだけ聞かれるだろう。一日中彼女と関わらないといけないのである。

「そして、私は父にはにかんでまさにあることをしたと告白した。それに対して父はこう考えた。一度は問題にならない、でも将来はやめた方がいい、さもなければそれは私を傷つけることがある、と」

彼女は性においてさらなる道を見つけた。自己愛（自慰）に到達したのである。われわれは、彼女のライフスタイルから彼女が並外れて長くそれに固執するだろうということを推測できる。父親がここで切り出している問題は、今日それには害はないということで解決されている。長く持続することは、反社会的な態度の兆候である。それは孤独な人の性である。

「そこで再び私は気が楽になった。それでも次の日、私はまた始めた。そしていつもそのたびごとに、父のところへ走って行って打ち明けた」

なぜ彼女が隠さないかが説明できる。彼女は父親を自分の意のままにしているのである。父親を刺激し、いよいよ彼女に注意を払わせるだろう。彼女はそうすることで、さらに保護されることをたしかなことにした。父親に新しい課題を与えた。彼女が何もしでかさないように注意を払わなければならなかったのである。

「ベッドの中で私に注目しなければならなかった。しかし、ベッドの中ではまったく何も起こらなかった」

第九章

甘やかされた子どもは甘やかされることを続ける努力をする。十分愛されていないと思う時、怒って他の人をけなす。少なくともその時、自分を注目の中心に置き、他の人よりも優ろうとする。愚痴をいうことは、他の人をけなす試みである。非常にわずかな子どもたちは別として、どんな子どもも甘やかされる段階を経験する。この段階はライフスタイルに現れる。主たる関心は再び大いに甘やかされることである。優位に立ち、専制支配する傾向が発達する。自分より強い人と神をけなすことが自分自身の優越感から切り離すことはできないのは自明である。甘やかしという言葉もあれこれこじつけて解釈することができる。私もその言葉であれこれ理解する。それでも、それは〔他人の迷惑となる〕悪さである。時間をつぶしてぐずぐずすることである。

「十四歳の時、親と神への強迫的な罵倒が繰り返された」

われわれは、少女にとっての困難はどの甘やかされた子どもとも同じように始まった、と仮定しなければならない。この甘やかしをずっと続けることは不可能である。そして、ののしることは、人が甘やかされなくなったことへの怒りをけなす発言において表現することに他ならない。

（症例：恋愛関係に入った少女が誰かが殺人者であるという強迫観念に襲われる。彼女は第一子で甘やかされ、野心があり、祖母のもとで育てられた。祖母のことを聞けば、甘やかされたことを前提とすることができる。十六歳の時に、年上の男性との関係が始まった。それは弱さと甘やかされることの傾向を意味する。庶民の智恵はいう。年上の人とは長続きする。実際、関係は長く続き、次のように説明される。私は頑固者であり、私自身の意志を貫徹するだろう。男性も頑固者であり、それで私たちは結婚しないことに決めた。これは神経症者の論理である。この男性は立派である。あらゆる点で、かなり彼女に譲歩しているが、料理法だけに腹立ちを覚える。少女もこのことに対してひどく怒っている。特別の立場へ自分の解釈を持ち出さない、なすりつけないことが重要である。われわれは明晰さを要求しなければならない。そしてそれはただコモンセンスの中にだけ見出され、哲学の中で見出されることは少ない。少女は近所で殺人を経験した。彼女にとって、それは怖ろしい事実であり、彼女にとって「殺人者」という言葉は、他の人にとってよりも多くのことを意味している。それはわれわれの文化の有罪判決である。

彼女の恋人は彼女を紹介することを避けた。そのことを彼女は我慢できない。われわれは彼女が自由な愛人関係に耐えられず、他の人よりも不利に扱われていると感じ、そのことを激しく責めるだろうと予めいうことができただろう。戦争の間、恋人は病気だった。彼のために牛乳を手に入れるのに苦労した。彼女の母親が牛乳を受け取って、彼女に門前払いをくわせた。この少女は男性を必要とするので、男性を評価する状況に陥った。彼女にとって愛の関係は、釣り合いのとれた男性にとってよりも、ずっと多くの意味を持っている。彼女は先頭に立って闘いを貫徹しようとするだろう。彼女は関係の貫徹を選ぶだろうが、彼女がまったく知らない人をののしることによって溜飲を下げることには病的なものがある。われわれはこの抵抗を他のこと、例えば女性に割り当てられた不利益に反対する女性運動と比べることができる。彼女はそこまでは到達しておらず、怒っているだけである。どんな好ましい男性も殺人者と見なすことで復讐する。それは文化の非難を意味する。最初は一緒に弾劾したかったが、今や閉め出されている）

「その際、唇を動かさなくても、ぞっとするような言葉を私は思いついた。私はひどく気が滅入る思いがした」

気が滅入ることは強迫神経症に属している。彼女は重荷を背負うために気が滅入らなければならない。重荷を背負っているという感覚は、名状しがたく彼女の中で膨らんだ。「私はそれに対して闘った。それを振り切ることができない。強迫神経症は怖ろしい重荷である」

「そして、私はしばしば今にも父に心中を打ち明けそうだった」

彼女は父親に打ち明ける傾向がある。彼女は父親に注意したいのである。私はこんなに不幸だ、人は私に屈服しなければならない。私によって専制支配されなければならない、と。

「私は自分が気が進まないことをあえて決心しなかった。それは私が父に内緒にした唯一のことだった。私は憂いを受け入れた」

彼女が何もいわなくても、父親はすぐにそれに気づいてくれるだろう。彼女の悪しき外観、空想に耽り夢想的であることから、父親の注意は高められるだろう。

「父が手をこまねいて私の前にいるのを見た時、私はそのことをひどく残念に思った。父がそのことを知ればいいのにと思った！」

さかんに毒づくことで彼女は自分が優れていると感じている。

「そのことで誰か他の人のことがいわれていると信じようと私は努力した」

自分が高貴であると感じるだろう。

「どっちつかずに聞こえるだろう。父は……それが父でないことを私に証明するために、私は思った。父ではなく、カールが私たちの協力者である。そして叫んだ。彼は死ぬべきだ！　私は中断しなければならなかった。そして私は聞いた。父は……私にはすべてが父を念頭に置いていわれたかのようだった。そして棍棒で頭を叩かれたかのように私には形式的だった」

われわれは問う。この少女から何かを要求することができるのだろうか。何も彼女から要求することはできない。なぜなら、彼女は何もできないと思っているからである。この民衆出の少女は自分に問う。私は将来、私が家族の中で持っているような立場を占めることができるだろうか、と。私が注目の中心に立てるように私の問題を解決するだろうか。「私は私の人生の課題を解決することができない。なぜなら、これらのことは私にあまりに加重な負担を課すからである」といえるためには、彼女は神経症を必要とする。

「通りでも、人の集まりの中でも、私は自分に確信が持てなかった」

われわれは彼女が最初の人生の課題にどう反応しているかを見る。彼女は自分と他者の間に大きな距離を置いている。

「私は自分自身のことが不安だった。私は罰として不幸な目にあうのではないかと絶え間なく怖れた」

ここでも罪悪感についてのフロイト的な解釈を維持することはできないことがわかる。それはゴミの山を増やすことに貢献するという目的を持っているだけである。彼女はゴミの山の上にさらに罪悪感を積み上げる。ニーチェが次のようにいっているのは正しい。良心の呵責はいかがわしい。

「私は気を紛らせるどんな方法も探し求めた」

われわれは既に彼女が成功しなかったことを知っている。

「ある時、ミーナと私は体育クラブに向かっていた。私の考えを強調するために、私は私の友達にしきりに説いた。突然、私は立ち止まり、話を中断して中のほうに聞き耳を立てた……ある時、私は犯罪映画『新しい指を持った男』を見ていた。怖い映画だった」

「映画の中で年老いた女性が絞め殺された。両親は上演の後、私を待っていた。父は私には毒だといったが、私の混乱の主たる原因に父は気づかなかった。私は自分が両親を殺したように思った」

父親はあえて彼女を叱りつけた。

「神をも私は心の中で罵倒しなければならなかった。そして、悪魔のようにがみがみ罵る声を聞いた。『それをすべてお前はいった！』。すぐにそれに対して沈黙の中で答えた。『神はもっとも美しい男であり、存在する最善のものである』」

「主の祈りを唱えていた時、私は聞いた。『聖なるマリアよ、私はあなたを崇拝します。いや、私はあなたを崇拝しない』」

そこで美しい像が生じる。ごみをほうきで左へそれから右へ掃くと何も起こらない。つまり、何かをしたかのようにしたのであり、時間を無駄に過ごしている間に、時間はさらさらと流れ去る。そして、人生の課題の解決を逸する。

「これに続いてそれはもう一度ささやいた。『マリアよ、私はあなたを崇拝する』。汗が身体から出てきた」

強迫観念は関係者に動揺を与える。この動揺こそが、神経症の主たる課題である。ここで感情の意味についてのわれわれの理解が拡張される。感情は決して〔言動の〕根拠（原因）ではなく、個人のライフスタイルが要求するように起こるのである。われわれはさらに前に進んで行くことができる。神経症者は自分のライフスタイル〔の要求〕を満たすことを容易にするために感情を作り出そうとする。この少女は感情を作り出すことで、何とか切り抜ける。感情は克服できない制限を築くのである。われわれは彼女が人の集まりに入ろうとしないと聞いているが、やがて仕事もしなくなり、さらには第三の課題、つまり愛〔の課題〕においても失敗することを聞くことになるだろう。

「またもや罵倒が始まった。私は祈り始めなければならず、不自然なまでに努力したが、悪しき考えがその間に起こった。祈りを終わらせる前に、しばしば一時間もかかった」

彼女は宗教とも結びついていない。

「やがて、私は男性に興味を持ち始めた」

神は正しい人をお助けになる。

「私はあらゆる人に気に入られたかった。私は目をほめられた。それで私は目に特別に注目した」

他の心理学者たちは大喜びするだろう。彼女はしなを作り始めた！　と。われわれは既に彼女が隠れたままでいることを知っている。

「私は輝きを失うことがないように目を大事にし始める努力をした」

新しい課題である。

「私は時々近所の子どもを乳母車に乗せて、公園に散歩に連れて行った」

彼女は自分だけ乳母車で散歩に連れて行ってもらいたかった。うまくいかなかったことをわれわれは既に知っている。

「公園は日当たりが非常によかった。そこで、私の中に太陽が私の目をつぶすのではないかという怖れが生じた」

フロイトのパラノイア患者についての研究を見よ。それが新しい障害でなければ、心の全体には何も障害はない。

「それ以来、私は太陽を避けた」

彼女は彼女の目をいたわっている。他の心理学者たちであればいうだろう。これは男性を見つけようという兆候である、と。〔しかし〕その際、彼らは事は反対のほうへと進みうるということに気づいていない。目をいたわり、もはや男性をそこに映さないでおこうと思うこともあるのである。

このようなはっきりしない兆候を解明したいのであれば、個人心理学の誘導尋問を前に進めなければならない。「少女がこのようなこと、つまり太陽を避けようとする時には何が起こるだろうか」。すべての関係が避けられる。とりわけ彼女が愛を避けようとするという疑いは強くなり、さらに強くなると、彼女は閉じこもることになる。

「私は心配になって、太陽光線の中に曝されないように注意した。日の当たる場所を可能な限り避けた。しかし、どうしても日陰から出ていかなければならず――」

どれだけのことをしなければならないかを知っている。

「……そして、日が当たっている時にたまたま頭を上げると、私はすぐに目が眩むと思い込んだ」

人々の迷信や、似たようなことが語られている神話的な詳細を振り返れば、すばらしい空想を聞き出すことができる。『ハムレット』においても、次のようにいわれている。『日の中に出ていくな。さもなければ妊娠するだろう！』。これは古い迷信から引き出されたものである。ここでわれわれは古代の思考が背後にあるかのようにあまりに遠くまで行ってはならない。少女がそれによって彼女が避けようと試みる問題から遮断される何かを発見したということで十分である。

「私は太陽が私の視力の一部を奪い、今や失明するに違いないと考えた。くる日もくる日も、この空想が新たに私を襲った。それでも以前と同じほどよく見えたという理解は完全に消えた」

彼女のライフスタイルには役立たなかったであろう理解では、どうすることもできなかったであろう。目が損なわれたと仮定して初めて、身を引く、したがって彼女の人生の課題から逃げ出した。

「リーナが私と一緒に外出した時、私は彼女に太陽を見るように頼んだ。私は彼女がそれをあえてするか確かめたかったのである。彼女は笑って引き受けた。そこへ母がやってきた。私はそのことがひどく不満だった」

彼女がその際どれほど固執し、もはや理性的な根拠を受け入れようとしていないことがわかる。なぜ理性的な根拠を受け入れようとしないかという無邪気な問いを発する人は、彼女が理性的には行動していないで、回避しようとしていることを見逃している。前線にいる脱走兵に、連続集中砲火の美しさを描写できるが、彼は逃亡を助ける思考の領域へと移るだろう。

「私はオルガや、他の友人も呼んできて太陽を見させた」

これは彼女の反社会的な傾向である。彼女は、視力は太陽によって弱められるという考えに充ち満ちていて、それでも他の人に皆太陽を見させている。

「しかしそのことで私がおかしくなったとは誰も思わない。私は私の意図が目立たないように工夫した。例えばこういった。『目の中に何か入ったかもしれない。太陽を見ることができないの。あなたは見える?』。そして太陽に目を上げたら、私はひどく笑わなければならなかった」

彼女は人を傷つける意図を持ち、それを好ましいことと見なし、他の人の視力を弱めようとしているかのように見える。それは勝利者の笑いである。おそらく他の人よりも身体的にも優ろうとする試みであり、この試みは彼女は秘密を知っているという考えに支えられている。彼女は優れているが、他の人はそのことを知らないというわけである。

「私は彼女たちもそうすることで少し目が眩むだろうと思った。そのことが私を喜ばせた」

そのことが何度も繰り返し確かめられる。

「通りを歩く時は、いつも目を下に向けた。見上げる時は目を手で守った。それにもかかわらず、私の想像は何度も繰り返し私を襲った。それで私は取り憑かれたかのように家まで走り、父に泣きながらいった。『今、私は太陽に目を眩まされた！　もうどうなるかわからない。自殺するかもしれない』」

　今や彼女は〔課題からの〕逃亡を極端に推し進め、自殺のことを考える。彼女は希望を失った。腕も車も目ももはや彼女の気に入らない。

「これについて私は両親を激しく非難した。私を外出させたからである。まず最初に親は笑って、頭がおかしくなったのではないか、と私にたずねた。父は私に太陽はそれどころか癒しの力を持っている、と保証した。父はしばしば窓際に立って、窓を開け、私に大声でいった。『私が太陽を見ているのを見なさい。私は太陽の中へと散歩できたら嬉しい』。父が穏やかに日に照らされているのを見た時、私は驚いた。それでも、私は一から愚痴をこぼし始めた……私は絶え間なく私の中に怖ろしい不安感情を持った。怖ろしい危険をずっと察知した」

　この危機というのは、先に見たように、恋愛における敗北である。彼女は非常に自惚れが強く、一番になろうとする少女である。負けることもあるという考えになじまず、それゆえ、不安になるが、この不安は〔課題から〕逃亡しようと思わせるに十分である。

「とうとう私はもはやほとんど外へ出て行こうとしなくなった。稲光の後落雷したり、稲妻が目を眩ませることも怖かった。太陽がただ窓越しに差し込んだり、あるいは、誰かが鏡で遊んで、太陽の光の反射が当たると一巻の終わりだった」

日向に出てはいけない。じっと見つめてはいけない。競争することはできない！　光が鏡から出てくると、それだけで私は不幸になるだろう。

「どこにいても私は安心できなかった。私は自分にいった。人は自分に定められた運命から、たとえ小さな部屋の中で閉じこもっていても、逃れることはできない、と。私は既に人生に嫌気が差していた。そこで私はこんな運命に向かっていくくらいなら、自殺したほうがいいのではないかと思った」

そしてこの考えの中に首尾一貫性がある。彼女は見ることとの問題を前面に押し出す。この態度を正当化する前に、彼女は別の処置を取らなければならない。次にその話が聞かれるだろう。

「目を疲れさせないために、私はできるだけ本を読まないようにした」

ここでわれわれは彼女が猥褻な本を読むことに強調を置いて語ったことを思い出すだろう。これは本を読まないということであり、目を大事にしなければならないということの確認である。

「本を読む時、私は鼻の先が見えることでいつもいらいらした」

これは非常によくわかる。なぜなら、彼女はいつも鼻の先を見てきたからである。これは他の誰にも起こることだろう。ただ他の人はそのことに関心を持たないのである。これは読書を閉め出す非常に優れた手段である。

「私は思い込んだ」

——われわれは（全体の美や完璧さをわずかに損なう）きず、欠点に近づく。
「斜視である、と。私はあちこちへ身を捩った。そして、本をいろいろな場所に置いた。——鼻先が良心の痛みのように私を追いかけた」

　彼女が視力が弱くなることを考えることを可能にする事柄にどれほど心を奪われているかがわかるだろう。他にどんなことがあるかたずねたくなる。

「一度、聖書の中で、敬虔な人の目にゴミが飛び込んで、そのために目が見えなくなったと書いてあるのを読んだことがある。それを今も私は覚えている。ゴミということで私は鳥の糞のことだと理解した。今私は木の側を通り過ぎる時、十分注意を払っている。雀や鳩が好んでとまっている雨樋の前でも十分注意した。反対に、緑の葉をよく見た。緑色は目によいと聞いていたからである」

　彼女が視力をよくするためのこのような策略を思いつけば思いつくほど、目の状態はよくないといよいよ確信するようになった。

「石油ランプにシェードがかぶせてなかったら、私は怒り狂った」

　またもやこの傾向は、他の人が気を配らなければならない彼女の権力要求へと波及していることがわかる。

「私は光も火も見なかった。時々、私たちの家で、目の病気のこと、例えば、白内障が話題になった。その時、他の人は指で自分の目を指し示した。私は律儀にそうすることを避けた。しかし知らない間に、そうしていたことに思い当たった時、私はすぐに話題になっている眼の病気になるのではないかと怖れた」

これはよくある心気症か強迫神経症の症状である。彼〔女〕らは都合が悪かったり、時間を空費することしかできない時、また、人生に巻き込まれないために保護を得ることしかできない時、すべてを調べもしないで受け入れる。彼〔女〕らは人生の流れを感じ、自分をしっかり保つためにアザミをつかむ。

「私はこんなことも想像した。あまりに力を入れて見るので、目が眼窩から飛び出るのではないか、と。そこで私は目を指で用心深く押し戻した」

ここから、統合失調症におけるステレオタイプな動きとして知られているものが分かれている。一見、無意味なことに驚く。この少女はどうすれば愛、結婚、女性の役割から身を守ることができるだろうかという考えで一杯である。他のことはどうでもよく、安全だと感じている。この混乱の背後に星が瞬いている。女性の役割から解放されることである。彼女は出費を計算し苦しむ。しかし、それは将来において獲得するためだけなのである。

「私は目の不自由なピアノ調律師をこさせることを断った。目が不自由なことは伝染するかのように思えた。しばしば、その上理由もなく、彼はどこかから目を持ってやってきたが、それを叩いて取り出したのではないかと想像した……この狂気はおよそ三ヶ月続いた。そして〔別の〕障害が取って代わったが、それも同様に賛辞のきっかけとなった」

ほめ言葉は彼女の目に向けられていた。そこで彼女は目をだめにしたのである。今やまた賛辞である。

「今度は私の病的な心配が関係したのは歯だった」

彼女は歯がきれいなのでほめられた。それは次のように聞こえる。あなたは女性の役割に向いている！

「ある時飲んでいると、上の前歯の一つにグラスが当たった。その時、私は突然歯が抜けたのではないかと思った。心配になって、父のところへ走っていって叫んだ。『大変。歯を一本折ってしまった』」

美はおしまいだ！

「私は口を開け、中を見てもらった。『一体どれだい？』。父は驚いてたずねた。父が自分で気づくために、父にどの歯のことをいっているか最初にはいいたくはなかった。しかし、父は見つけることができなかったので、私は叫んだ。『前歯よ』。そして問題の歯を見せた。両親はそれをしっかりと調べ、あらゆる面から観察したが、傷はどこにも見つけることができなかった。私はいよいよ腹を立て、鏡のところへ走って行って、自分で見てみた」

この少女を想像してみなさい。彼女の美しい目を賞賛することは、前線に向かうという呼びかけのように作用している。そこへ誰かがやってきて歯をほめる。今や歯が抜けている。すると彼女は歯を痛めつける。

「私は歯がほんの心持ちほど隣の歯より短いような気がしたが、いよいよもって歯が一本折れたと確信していた。それで痛いと叫んだ。その時、リーナが家に帰ってきた」

――彼女が専門家、歯科技工士の助手であることを思い出しなさい――

「リーナも、私の口の中を見なければならなかった。しかし、彼女も何も見つけなかった。私は彼女にグラスを歯にぶつけるなどわざわざするかとたずねた。彼女は笑いながらグラスを取って、それで歯にトントンと当てた。私は真ん中に立って、熱心に眺めた……ところで、私は前々から歯にうるさかった。こんなことを思い出す」

これは歯コンプレックスである。彼女はいつも歯の具合が悪かったことを示すだろう。

「前の乳歯が既にひどくぐらぐらしていた。それを抜くためには少し引っ張らなければならなかった。父はそれを糸を使ってやってみたかった。しかし、私はむしろ自分でしたかった。縫糸を歯のまわりに結び、反対の端をドアの握りに固定して、慎重に引っ張った。私は怖くなって、またもやそのままにした。それから、私たちの客だった歯科技工士が私の歯を見てくれた。私はいやいや口を開けた。すると私が準備ができる前に、一番ぐらぐらしていた歯が抜かれた。しかし、それは口の中に残り、困惑したことに呑み込んでしまった。そのことで、父も母も非常に興奮した。私は数日の間、キャベツを食べなければならなかった……六歳の時、臼歯が痛んだ。歯医者に行く途中で私は激しく泣いて、それ以上行こうとしなかった。父は私に、歯を抜いてもらったらハンドバッグを買うことを約束してくれた。しかし、私は何よりもまずかばんがほしかった。それで父はすてきなスーツケースを買ってくれた。それから、父は私に勇敢な錫の兵隊のこと——彼があらゆる辛い目にあったことを考えるように助言した。しかし、歯医者の門の前に着くと、私は父にいった。『他のところへ行きたい。ここでは私はきっと叫ぶことになるから。他のところなら勇気が出るから』。そこで私たちは引き返して、違うところへいった。医師は私の痛んだ歯を見て、これは抜くしかないといった。そこで私は父に耳打ちをした。『あんなに不機嫌な顔をしている人はよく考えてみないといけない。他のところへ行きましょう』。そうして私たちはまた口実を作り出してまた違うところへ行った。しかし結局、家に帰った。ところが夜になってひどく痛んだので、母親は朝早く私を歯医者に連れて行かなければならなかった。私は勇敢な錫の兵隊のことをしっかり考えた。そしてついに歯を抜いてもらった」

「それは以前のことである。しかし、今は何も目に見える原因がなくても、歯が痛まなくても歯のことが不安になる。口でどこかに触れると想像するだけで歯を折ったと信じるに十分だった。このような考えが襲った立場を私はもう一度取った。そしてその際、手で私の口が近くにきた対象、例えば戸棚やピアノからどれだけ離れているかを測った。私はそれにぶつからないわけにはいかなかったという証拠を示したかったのだ。それにもかかわらず、この証明をしようとした結果、私がさらに興奮させられただけだった。つまり、私はその際十分注意しなかっただろう、そして今や初めて歯に関心を持つことになった、と信じたのである。そして、何度も繰り返して試し、最初から測った。そして何度も繰り返し初めから私は歯を傷つけたか、あるいは少なくとも、ぼろぼろにしたと思い込んだ。私はひどく緊張し興奮して力尽きるまで非常に長く実験した。絶望して私は自分を非難した。
『人はどうして歯を故意に抜くほど愚かになれるだろう』」

ようやく彼女は歯を抜いた。歯は並外れて大きな役割を果たしている。私は例えばどのように歯フェティシズムになるようになるかを見ることができることを疑わない。ここでの極端な場合であることは排除されないだろうが、歯が過剰評価の中心にあることは否定できない。

「両親は絶え間なく私の口の中を見なければならなかった」

歯を傷つけることでこの少女が注目の中心に入るような恐るべき環境を既に得ていることがわかるだろう。

「両親は当然何も見つけることはできなかった。誰も見つけることはできなかった。私も見つけられなかったのだから。しかし私は他の人も自分も信じなかった」

彼女がさらに道を進んでいくことができるために、単純な仕方で自分で何とかしようとしているのがわかるだろう。歯に関わり、女性の役割からは遠く離れ得ている。

「これまで一度も気づかなかったのだが、大抵の歯が一様でないことを見つけた時、私は、これは私自身が加えた損害だと思い込み、また荒れ狂い始めた。サクランボを食べる時、種を噛むということが時々起こった。それが私を大いに悲しませ、地面に投げつけた。元気を回復するのに丸一日かかった。ついに私はサクランボを食べる前に、種を絞り出すことにした。リンゴも特別の仕方で食べた。リンゴを薄片に切り、それをナイフに乗せ、慎重に口へ運んだ。ある時、そうしようとしていたら、ナイフが歯にあたった。すぐに私はナイフを齧ってしまったと思った。私はすっかり我を忘れて泣いた。『きっとこんなことは誰もしたことはない——ナイフを齧って、歯を折るとは』。父と母は私に一体また何が起こったのかとたずねた。リーナはその時いなかった。皆は私に何が起こったかを知った時、大いにおもしろがった。父は考えた。『お前があまりに注意しすぎた当然の報いだ』。私はひたすら腹を立てたので、私は父の言葉から私が歯を傷つけ、しかも自分の罪でそうしたという確証を読み取れると思った。私はしゃくりあげて泣きながら、父を怒鳴りつけた。『それなら、お父さんも私が歯をかみ折ったことを認めてよ』。父は答えた。『私は認めないね。でも、お前がそんなにも気も狂わんばかりに思い込むのなら、次はりんごを他の人と同じように食べなさい』。しかし、私は泣くのをやめなかった。すると、リーナがナイフを取って、それで歯をトントンと叩き、私にこれで十分実演になっているかと笑いながらたずねた。その時は大体落ち着いた。数ヶ月前のこと、私は前歯に歯石が少しついていることに気づいた。その時、私はそれを針でひっかいた。今それを思い出すと、ひどく絶望的な気持ちになった。私は自分にいった。『私の神よ、そんなことはきっと人間は誰もしたことないですね――歯のエナメルを引っかくなんて』。すぐにでも自殺したかった。コーヒーを飲んだ時も、熱いので前歯のエナメルが剥がれたと思うことがよくあった。今は私は熱い液体を――それどころか、冷たい液体も――飲まないように用心するようになり、コーヒー、茶、スープ、ビール、その上、水もぬるいものだけを飲んだ。もはや私は固いものを食べなかった。私はその際歯をかみ折ることを怖れた。パンの皮は食べなくなった。骨のついた肉も食べなかった。チョコレートも、砂糖も。もはや噛まなくなった。私は料理を口の中で形だけ溶かした。そして、歯のない老女のようにしゃぶった。それは非常に滑稽な光景だったので、両親はそのことをひどく笑った。その上、ビスケットに触れることも避けた。口をできるだけ大きく開け、食事を慎重に入れるか、あるいは、フォークあるいはスプーンを使って唇でしゃぶった。ついに指だけで食べるようになった……路面電車の中に乗っている時、パンタグラフが組み立てられると、それが乗降用デッキにまで落ちてきて、歯を折るのではないかと不安になった」

彼女が人生の全体をあらゆる課題をなしとげることを阻止されるように仕向けているのがわかる。

「このような妄想も数ヶ月続いた。しかし、もっとひどいことが続いて起こった。私は苦痛に満ちた青春期を送った」

「私は学校から帰った。私は友達と同行してW通りを横切りたかった。その時、一人の男の人が私の前に現れた。その人はマフラーで顔を覆っていた。私は最初彼は歯が痛いのだと考えた。しかし、彼が私とすれ違う時、私は彼の顔の全体が浸食されていることに気づいた。鼻も唇も見えず、ただ大きな赤い穴だけがあった。私は雷に打たれたかのように思った。このような恐怖が私を捕らえたので、彼の足跡を踏まないように引き返し、回り道をして家まで走った」

今度は狼瘡恐怖症[1]が起こり感染を怖れる。今やわれわれはよりはっきりと見ているので、彼女は伝染の恐怖を彼女の保護領域に持ち込んでいるという推測がすぐに思い浮かぶ。それは愛や結婚の問題に関与することをもはやよりどころにすることができないためである。

第十章

彼女が現実から解放されるために集めたものは発疹のある男性だった。

「このような恐怖が私を捕らえたので、彼の足跡を踏まないように引き返し、回り道をして家まで走った」

彼女を人生から追いやるこのような印象の目盛りが進んでいくことがわかるだろう。退却する歩みが鳴り響くうちに行動し、何度も繰り返し、逃亡を続けるという理由を探す。

「なおも驚いていた私は、父に私が見たものを話した」

このような報告に関してもたずねる人があるだろう。なぜ彼女は父親に話すのか、と。父親と仲がよかったから、と答えることができるだろう。ここに彼女の態度の正当化がある。続いて起こること、即ち、彼女は家族とだけ結びつき、家族以外の人との関係をすべて制限し、課題を解決することが不可能であると見えるほど重荷を背負っているということを父親に理解させようとしているのである。

「父はおそらくその人は狼だったのだろう、と考えた。一体どういうこと？　浸食性の病気であり、その名前はラテン語では狼という意味だからである（肺病を病的に怖れていた父は何冊か医学書を持っていて、しばしば読んでいた。だからこの病気のことも知っていたのである）」

　こんなふうにいう人があるかもしれない。父親も恐怖症を持っている。だから、これは遺伝である、と。しかし、少女は訓練した結果、恐怖症になったのである。彼女はどこからでも使える手段を手に入れる。父親からもである。父親は病気になる前からも、彼女にはこの状況において価値があると思える不安を持っている。彼女は、病気が伝染するのではないかという怖れに支えられて、外の世界から解放される権利を持っていると信じている。なぜか。これは生まれつきの要素ではなく、またリビドーの生物学的な性質の形式が問題になっているのでもない。彼女は先頭に立ちたいと思い、外の世界においては、この高い、崇高な役割を家庭の中でのように演じることはできないということに気づいているのである。このことを疑う人にわれわれは、誰が、不快な状況に入るために、好ましい状況から離れるのか、とたずねることができる。ここではコモンセンスが語っているが、ここには徹底的な仮定は適切ではない。他の人がいえば、彼はそれを試み、快適な状況から不快な状況へ行くことは容易か示すはずである。

「私はこの病気は伝染するのか知りたかった」

私は、この少女が伝染する性病について何かを知っていることは排除されないと指摘した。
「父は伝染しないと保証した。しかし、私は父を信じなかった。リーナが父の言葉を確かめた時も信じなかった。私は最初から狼瘡は伝染すると確信していた」

神経症者がどのように彼〔女〕らの解釈を基礎づけるか、その特有の方法について補足したい。この神経症者が、望むことが起こるまではあらゆることが行われるというのは正しいに違いない。この病気は伝染しなければならないのである。たとえすべての権威者が反対しても、彼〔女〕らはこの病気は伝染する、と主張するだろう。この形の論理は、ほとんどどんな神経症者にも見られる。その論理はすぐに破綻するが、それにひきかえ、その強さは、患者がたとえ証明がなくてもすることを可能にすることに基づいている。例えば、私は次のような患者を知っている。その人は常に何事においても一番だったが、不幸な結婚のために悪い状況に陥った。彼女はハンガーストライクを準備し、もはや何も食べることができない、と説明した。肺が弱く、しゃっくりをするとせきこみ、せきこめば彼女の弱い肺を傷つけるかもしれない。だから何も食べられない、と。これは自殺の試みである。このような患者がさらなる思考過程を経て「もっとも重要なことは食欲が出るように起きて散歩に出ることである」といえるところまで到達すれば、既に実行不可能な条件を理由にそのようなつもりはないと考えていることがわかるだろう。人生に対して「否」が強調されているのである……さて、二人の専門家が狼瘡は遺伝しないといっているけれども、彼女はその信念を変えることはない。

「今はＷ小路の中をもはや歩きたくなかったが、私たちはそのもっとも近くに住んでいて、学校へもそこを通っていかなければならなかったので、避けることができなかった。しかし、やがてこの不安は消えた」

これはどのように説明すればいいだろう。このような病気はわれわれの場合なら数週間、あるいは他の人であれば、一年を通して治療されてようやく消えると聞いている。ところが、少女は「やがて不安は一人で消えた」といっているのである。われわれはリビドーの変化ということは考えない。一時的に勇気を失ったのだと考える。彼女の策略は、今や必要ないものと感じられている。彼女はもう一度人生の中に入っていこうと試みているのである。そこで、自ずと次のように説明される。即ち、勇気が高まり、この少女はこの不安を失ったのだ、と。今やわれわれは何を待っているのか。われわれはこの少女は人生の課題に対してためらいの態度を取っているのを知っている。われわれは彼女がそれを回避しようとしているのを観察する。さらに確証をつかみたい。これらの現象のすべては人生の課題の解決から逃れる試みに他ならない。

「ある時、一人の学生が私を迎えにやってきた。彼はオルガの知り合いで、私たち二人とつきあっていた。私たちは一緒に散歩し、その際、ボルシュケ小路を通った。そこには当時、狼瘡の療養施設があった。その窓には緑のガーゼのようなものが結んであった。蝶の籠を作るガーゼに似ていた。

何かの機械からのブーンとうなる音を聞いた。突然、私は自分がどこにいるかがわかった。私は恐怖に打ちのめされ、もはや一言も発することができずにうちひしがれ、家へとよろよろして歩いて帰った。どれほど私は麻痺していたことか。私の思考は文字通り停止し、一つのことが私を満たした。狼瘡の恐怖である」

二人の少女とつきあっている学生と出かけるまさにその瞬間に「二つのことが私を満たした」。少なくとも二つの反対理由を期待できる。

1．この学生はもう一人の少女にも夢中である。

2．狼瘡恐怖によってどんな課題の解決からも逃れようとしている。

「私がなぜこれほどまでに混乱しているのかという両親の不安そうな問いに最初はまったく答えることができなかった。私の頭の中に怖ろしい考えが渦を巻いた。私は、たまたま狼瘡の病気の人の足跡を踏んだ人は、あらゆる地域、街中に病原菌を広げたに違いないと思った」

今や市の全体が狼瘡で充ち満ちていて、誰ももはやどこへも出かけることができないことになる。愛の課題に対する発達は一歩一歩進む。

「私はたずねた。地球上でどこか狼瘡がない場所があるのか、と。狼瘡の患者が細菌を残さなかったような場所はどこにあるのか。世界中が感染されているように私には思えた」

ここで私がしばしば話してきた甘やかされた子どもの排除する手の動きが見られる。

「そこから出ていくことができない輪で取り巻かれたような感覚があった。同時に狼瘡の患者の前で、憎しみと嫌悪の念を感じた」

ここでも少し立ち止まってみよう。大抵の人はそれは当然のことだというだろう。しかし、神経症者の生活においては、彼〔女〕らが例えば蜘蛛やネズミに対しても嫌悪の念を持っていても表に現れない別の状況がある。なぜこのように憎しみと嫌悪の念が強調されるのだろうか。この少女がことのほか狼瘡を偏愛していたら、その遊びをすることはできなかったであろう。狼瘡をどれほど憎み、怖れてもそうしすぎるということはない。それは彼女のシステムに属している。彼女がそれをしなければ、彼女は愚かであると私はいうだろう。彼女はしかし正しく行為しているのである。

「他のすべての人はこのような不安なしに生きたという父の反論は、私には役に立たなかった。私には狼瘡がことのほか私のためにあるようだった」

彼女がいっていることが正しいが、それなのに理解していないことがわかる。つまり狼瘡は彼女のためにあるのである。

「私のためだけの罰である」

この罰を真面目に取ってはいけない。神経症者はいう。「それは私の罪に対する罰である」と。少女にとっては、愛だけを排除できるのであれば。罪悪コンプレックスをこしらえることはまったく問題にならない。

「ぞっとするような巨大な蜘蛛のように、私の中に腐食する怖れがしがみついた。もしも私が自分を速やかに殺す手段を知っていれば、私はそれを用いていただろう。しかし私はそのような手段を何一つ知らなかった」

　関係を断ち切れるところまではいっていない。彼女にはまだ資源、即ち、家族がある。家族との関係が切れる、例えば、療養所で友好的に扱われず、両親から引き離され、両親が完全に見捨てたと説明するというようなことがあれば、このような少女を自殺に追い込むことができるだろう。「こんなふうに生きているなら死んだほうがいい」。そうなると、この少女は自殺するかもしれない。

「感覚がなくなるまで、私は手と顔をマンガンで洗うようになった。リーナのうがい水を使って徹底的にうがいした。マントはもう着ないでおこう、と思った。狼瘡の療養施設で接触したためにマントを感染させたと思った。靴を脱ぐ時は手袋をはめた。その際、私は靴紐が靴底につかないように入念に注意した。靴底がとりわけ感染していると考えたからである。私の衝動を両親は怖れを持って見た。私は父に療養施設から流れ出した空気によって感染されるということはありうるかとたずねた。父は私を笑い飛ばし、そんなことはありえない、そんなことがあれば、そこに住んでいる人、通りかかった人は皆病気になると答えた」

「それは私にも明白だった。それでも、私の靴紐は狼瘡の患者の足跡に触れたことで感染している、そのため家の床も感染しているという考えを変えることはなかった」

これは洗浄強迫のある患者がよくする議論である。それは生活領域を閉め出すことに役立つ。なぜなら、そこでは何も期待しないからであり、安心感を持てないからである。われわれは、混乱は彼女が他の少女にも夢中になっている学生と出かける時に強くなるということを聞いている。

「――さらにおそらく、狼瘡の患者が窓から外へとつばを吐き、そこで私は伝染性の痰を踏んだかもしれないという考えも変えることができなかった。両親は私にこのような考えをやめるよう絶望的な努力をしたが無駄だった」

そこで、彼女が家の中で以前よりも注目の中心にいることになったという状態が確かなものになったので、外界へのあらゆる関係を断ち切ることに彼女は成功した。

「それ以来、靴とマントを手袋をして触るようになった。ある時、母がプレゼントしてくれたに違いないエプロンが床に落ちた。しかし、母も私ももはやそれに触れようとはしなかった。なぜなら、それは洗濯や掃除の時、床に触れたからである。私の怖ろしい興奮は、発作的に泣くことで爆発した。両親とリーナは私を落ち着かせるために、私の目の前で指で床と靴底をつかんだ。しかし、母がパンを切った時、その前に手を洗わなかったら、私は叫び声を上げ、食べることを拒否した。新しいパンを持ってこさせなければならなかった。ドアの取っ手もハンカチを使ってしか、もはやつかまないようになり、その上紙を何枚も使った」

これは洗浄強迫のある患者によくある策略である。しかし、この事情のために、彼〔女〕らは絶え間なく洗い、不潔と闘う人にだけ見られるように、このような不潔なことを部屋の中で行う。
「彼らは感染した手で私の持ちものを感染させた！　さらに、狼瘡の患者がお金を触ったかどうかを知ることはできないということに思い当たった。そこで私はもはやお金を触らず、紙で手に取った。そして、何かを手に入れないといけなかった時には、お金を紙に包んでそれをリーナのところへ持っていった。リーナは私に同行し、私の代わりにお金を払わなければならなかった」

外を歩く時には誰かが彼女に付き添わないといけない。今や彼女は廷臣を持っているのである。この時、広場恐怖症になっている。
「既に私が感染を疑ったドアの取っ手を押すこともリーナがしなければならなかった。狼瘡患者の物もらいがそれをつかんだに違いないのだ。不潔、同情、貧しさは、そもそも私にはいたるところで狼瘡の準備に思えた」

この関連で彼女がそれほど間違っているとすることはできない。
「ついに紙がなければもはや何も触れなかった。安楽椅子や他の何か、例えばブラシを動かそうとした時には、誰かが手を伸ばし、私はまず新聞紙を探した。紙を忘れていて、お金をつかんだハンカチは投げ捨てた。鉛筆には、それで書く前に紙を巻き付けた。私はあまりに多岐にわたって考えたので、とうとう感染していないと思い込まなかったものは何もなくなった」

私は洗浄強迫の患者が化学者としたとんでもない議論を思い出す。その際、その患者は世界のいたるところに不潔な小粒子があることを証明することを望んだ。化学者はそれを否認した。私は患者側にいた。彼女がいっていることは正しいと思った。しかし、正しいかどうかは問題ではなく、人生をさらに前に進めるかどうか、自分を役立つ存在にするかが問題なのである。あらゆるものが不潔であるといい、手をこまぬいている時は、何か役立つことをしようとしない。

「ある時、私は学校の友達と彼女の母親とギュルテルへ散歩に行った。突然、歩道の横すれすれのところに怖そうに見える男性を見た。またもや穴だらけで赤く腫れ上がった顔をしていた。私は友達に彼を見るように頼んだ。彼女は見て、ひどく笑い始めた。私自身は彼に目を向ける気にはなれなかった。私は反対側にいることを喜んだ。私は、この少女は嘲笑した罰として、きっと狼瘡になるだろうとも考えた」

ここでも少し補足しなければならない。恐怖症患者の伝記には、また他の種類の神経症においては、彼〔女〕らがひどい不幸に追いかけられているのを非常にしばしば見る。私は、彼〔女〕らの多くが既に人生において、二度も狼瘡患者と遭遇したとは思わない。この少女は何度も繰り返し、あるいは少なくとも二度同じ経験をしている。しばしば神経症者において、彼〔女〕らがいかにしばしば絶え間なく同じ経験をしてきたかを見る。私は洗浄強迫の一つの症例を思い出す。世界中にあるすべてのものに不潔なものを見て、それを取り除くために探し求めた女性だった。私は例えば外から、動物の排泄物のような不潔なものに触れた人に会ったことは一度もない。一度だけ、ある家の前を通りかかった時、ちょうど家の主人が動物の排泄物を外に投げ出すところだった。私はそれがただの偶然だったのか、それとも神経症者は平手打ちを得ようと求める傾向があるのかはわからない。再び彼女たちは狼瘡患者を見つける。

「私はリーナに砂糖を二個持ってきた。それを私は前もって靴の底に移動させておいた」

ここに無価値化傾向がどれほど進むか見るだろう。彼女はあらゆる人に対して彼〔女〕らを滅ぼさなければならないかのようにふるまっている。競争能力がないと見なしているからである。彼女だけが能力があり、彼女だけが評価されるのである。

「私はリーナがそれを食べた時、喜びで我を忘れた」

これが利己主義の特別強化された形であるのがわかるだろう。この利己主義は犯罪傾向、害する意図になる。それが利己主義が形成される無価値化傾向であることは疑いない。彼女は男性に対しては攻撃的にふるまう。それはおそらく利己主義である。他の言葉を選ぶことはできるが、それが自分のことにしか関心のない人であることは誰もが同意するに違いない。文学の専門家には、無価値化傾向経過がまだ「ナルシシズム」によって理解されるかを観察することを勧める。「ナルシシズム」においては、利己主義の概念は決して含まれていない。

「私は、彼女はそのことで少しは狼瘡にかかる、と大真面目に信じた。今や私は家族も含め、あらゆる人の食べ物にこの砂糖を入れて与えた。Ｗ通りでは、狼瘡の患者が家屋の外壁でガスすずらん街灯に触れたかもしれない。そこで、私はいつも不安になって、私のスカートのすそをからげた。それにもかかわらず、私はしばしば服の端が何らかの仕方で触れたのではないかと思い込んだ。私はまっすぐに家へ走って帰り、服を引きちぎった。しかし、友達と一緒にこの道を歩き、彼女を故意ではないが彼女にもいくらか細菌がつくように壁とランタンへ押しつけた」

われわれは最初にどのように病気がぶりかえしたかを思い出すだろう。彼女が、二人目の少女にも夢中になっていた学生と散歩に行った時だった。彼女の運動からいかに二人目の少女、さらにはどんな少女も排除しようとしているかが明らかである。

「私は衣類――その替えを持っていたのだが――、例えば、スカートやブラウスが感染していると信じると、それを投げつけた。しかし、それは私の衣装戸棚の中にみすぼらしく悲しく並べられていたので、どうすれば最善の仕方で切り抜けられるか深く思いに沈んだ。私は父に熱いアイロンと濡れた布きれで細菌を殺してもらうことを思いついた」

彼女は後に科学的な試みで用いられた処理方法を始めた。

「私の家族はしばしば危険な小路を横切って出かけなければならなかった。私は家族に何度も繰り返し、そこを通って帰ってこないように頼んだ。何度も繰り返しそうしないと約束をしたけれども、それでも家族がこの禁止を気にかけてないのではないかと考えることを抑えられなかった。今は家族の誰ももはや近づくことはできなくなった」

　彼女の力が強まっていくことがわかる。行動範囲はどんどん狭くなっていく。彼女は全世界の中で細菌から自由で、他の人がどんな不幸に入るかということを知っている唯一の人である。彼女は聖なる人で、他の人は世俗的で、堕落し、伝染している。彼女だけが感染していない。それは彼女が安直な手段で手に入れる有用でない面での優越性の目標である。

「誰かが私に偶然触れると、私は悪態をついて暴れた。泣きじゃくり、自殺すると脅した。私は既に他の人から十分離れるために、どこにすわっていいかわからなかった。すわるためには、いつも他の人が触れたことがない一つの同じ肘掛け安楽椅子が必要だった」

　聖なる人だけがすわることを許された君主の椅子、宗教者がすわる椅子のことを思い出さないだろうか。この少女はこれを古代の体験から導き出したという人がいれば、われわれなら人生の狭い場所にいる誰もが同じばかばかしい考えに到達するというだろう。

「自分が使う食器類を求め、他の人の食器から感染することがないように、同じ場所に置かなければならなかった。私の食器は厳格に守った。母が例えば誤ったフォークを私の皿に置いたりすれば悲しかった」

　これはどんな神経症者にも見られる。彼女は病気なのだ。それは他の人にとっての法律である。他の人は彼女の人生の法律を神経症者の病気から引き出す。そのことは、たとえ自覚していなくても神経症者に優越感を与える。神経症者がある時そのことに気づいた時、それは誰かに見逃されるとは思わない。

「ある時、茶碗が歯ブラシと一緒にうっかりテーブルに置かれた時、私は悪態をついて暴れた。下品な表現で母を罵倒し、殺すと脅した――私はもはや半狂乱の中で私が何をしでかしたかわからない」

誰かが彼女の聖なる法律を害した時は、神々の怒りのようである。

「このような諍いがほとんど毎日起こった。それに対して、両親が私のために諍いを始めた。父は母を咎め、母は十分注意を払わずそのことで再び私に憤慨した。そして、怒って私に私の気まぐれのすべてを覚えることはできない、何か他のことを考えなければならない、と答えた。私たちの手伝い人も私のことで震えた」

私はこれが本当かはわからないが、彼女がそのような印象を持っているのなら十分である。

「通りで絶えず不安で一杯になって穴だらけの人と会うのではないかと思った。街中がすぐに狼瘡の患者で一杯になった。いたるところで見かけるようになった。暗闇の中でぶつかることを怖れ、夜にはもはやあえて歩かなかった」

制限はいよいよひどくなる。

「通りではあらゆる人の顔をじっと見つめた。誰かが私のそばを急いで通り過ぎ、鼻があるかそうでないかを識別できなかった時は、その人のところへと走っていって、じっと顔を眺めた。そして何度も繰り返し狼瘡を持っていると想像した。私は泣きながら家へと帰り、父に訴えた。『また狼瘡の患者を見た！』と。父は絶えず私の狂気を思いとどまらせようとした。父の明快で落ち着かせる説明は、いつもそのことにある程度は成功した。しかし父ができたのは、こんなことがあるとその都度、私を慰めることだけだった」

この「その都度」は少し考察しなければならない。それはないも同然ということである。彼女はあえて父親に慰めてもらうことができるが、そのために許されることを何度も繰り返す。医師はしばしば患者がこういうのを経験する。「あなたのいうとおりにしていればすべてはうまくいく。でも、少しでも道をそれると同じことが再び始まってしまう」。多くの人はそれは医師から発散する特別の魔法だと信じるだろう。患者はあえて医師に贈り物をしたり、医師を騙してもいい。われわれはそれに対して答える。「それなら一日中そこにいなければならない」。この魅惑はすぐに終わるだろう。

「私は絶え間なくマンガンで洗った。私の手の皮は怖ろしいものになった。皮のように固くなり、すっかりひび割れた」

これは本当である。洗浄強迫のある人については驚くべきことだが、次のことを認めるだろう。これほど不潔な手は他には見られないのである。

「私の歯はすすぎすぎて、既に茶色になっていた。石けんやブラシを落とすと、二度と使わなかった。母も絶えず手を洗わなければならなかった。とりわけ料理の前に私はそれをチェックした。ある時、料理人がそれを怠った。そこで私は食事に手をつけなかった。たとえお腹が減っていてもである。私が強制したことは母を怒らせ、そのことで父に苦情をいった。父は私が気に入ることをするように頼んだ」

　彼女の支配がいよいよ広がったことがわかるだろう。それを見ない人は、もっとも重要なことも見ていないのである。恐るべき支配がもっとも重要なことである。もちろん、限定された範囲の中ではあるが——人はできることをするのである。

「靴紐が私にひどい困難をもたらした。靴紐が靴底や床に着いたのである。母はすぐにそれを引っ張り出して、新しいのを買わなければならなかった。私は既に汚染された紐を引き出しの中にたくさん集めていた。髪のカーラー、石鹸、歯ブラシ、歯磨きをたくさん積み上げた。父は既に医師にたずねることを検討していた。人の前では私の狂気は隠された」

　両親が長い間苦しみを隠しておくことはよくあることである。それは子どもには有用ではない。他方、それを明らかにすることも有用ではない。すべての人に有用な正しい方法を見つけなければならない。

「リーナの道具の本の中にいわゆる狼瘡のスプーンのイラストを見つけた時、私はぞっとした。このような怖ろしい病気にただ一つの道具しかないことも不思議に思った」

　彼女は一つしか道具がないことを狼瘡患者の裏切り、軽視と見る。

「リーナは、狼瘡は顔だけではなく身体にも出ることがあると話してくれた。しかし私はそのことを浸食された顔を思い浮かべた時ほどは怖いとは思わなかった」

仔細に見る人は、既になぜかわかっているだろう。彼女には顔が重要なのである。「彼女は国中でもっとも美しい」。それゆえ顔の狼瘡が過大に評価される。

「私は絶え間なく狼瘡のことで気分を悪くしなければならなかった。怖ろしいことを思いついた。例えば、狼瘡の患者が自分の傷を触れるか、あるいは、それをかきむしった後で、指で誰かに触れることや、膿汁が貨幣につき、それを気づかずに手にする――そして場合によると膿疱疹をこする――、そうすると絶対に狼瘡になる、こんなことを想像した」

彼女は既に接種について何かを理解しているのである。

「そして狼瘡の患者が誰かにキスをすることを想像した時に、とりわけ怖ろしい不安が私を襲った」

この「とりわけ」が重要である。それはわれわれの解釈にとってもっとも強力な確証の一つである。

「ついに、私はこのように狼瘡に触れることを思い浮かべれば、それだけで狼瘡になる、ただそれについて考えることが行為と同じだと思い込んだ」

ここでも彼女はあまりに現代的な理論と仮説に触れている。今日ですら科学においては「思考の全能」の解釈は広まっている。

「このようなことが思い浮かび、怖ろしく興奮した時、私はすぐに顔を洗い、慰めてもらうために父のところへ走っていった。しかしこの考えが知られることは忍びなかったので、ただほのめかしたり、いいかえたりすることに努め、私が今想像したとは決していわず、誰かがこんなことを想像した時、などといった。私はしばしば考えた、――私たちは一階に住んでいた――誰かが夜に忍び込むことはどれほど容易かと、その上、それは狼瘡の患者であることもありうる、と」

突然、二つの悪が。

「このような患者は、と私は自分にいった、絶えずひどく困っているに違いない、彼らは他の人から離されなければならない、と」

ここでも何が一番深いところに潜んでいるかを少し熟慮することができる。こんなふうにいう人もあるだろう。だから、彼らを助けなければならない、と。そういう人は〔人生の〕有用な面にいる。彼女は続けていう。この狼瘡の患者には用心しなければならない。二人が同じ印象、同じ体験をしても、目標がどこに向けられているかによって結論は違ったものになる。

「狼瘡の患者が襲いかかることを想像することは、私をひどく怖がらせた。どこかで読んだか、ある時誰かから聞いた話を思い出す。神がハンセン病者[1]となって――私は狼瘡患者のことだと理解した――敬虔な人を試したという話である。しかし、その人は神ご自身であることが明らかになった。そこで私は自分にこういった。『神ご自身が狼瘡の患者として私のところへやってきたとしても、私は彼を受け入れないだろうし、触れるなどとんでもない――あるいは、その場合は特別扱いをすべきだろうか』」

「通読してみて今や私は次のことを思いついた。ある時、私たちは路面電車で遠出をした。ロバウへ行ったのだと思う。三年生の時だった。帰る時、新しい狼瘡の施設を通りかかった――今はもちろん私は当地には二つの施設があったのか、今もあるのかは知らない。それについては問い合わせよう。突然、私は大きな字で、狼瘡患者のための療養所と書いてあるのを読んだ。その時、私はあわれな感じがした。私は既に狼瘡が何かを知っていたに違いない。停留所にミルク売店があった。アルトガストも私たちと一緒だった。父は私に温かいミルクを買ってくれた。しかし、療養所が見えていたので、嫌でたまらなかった。遠く離れていても、狼瘡の患者が私のコップからミルクを飲んだかのような気がしたのである」

これは早期回想である。もっとも早期の記憶とはいえない。ここから何を引き出すことができるだろうか。この狼瘡恐怖を裏付けようと努力しているということ以上でもそれ以下でもない。彼女は神経症的な裏付けを見出すまで探し求めている。「彼女は通り過ぎ、ミルクを飲んだ」。初期の人生から裏付けを探すことは非常にしばしば神経症者の心理に見られる。

「そうこうする間に、われわれの関係は再び悪化した。父の多くの顧客は軍隊に招集され、中には借りを払わなかった人もあった。われわれは比較的高い利息を工面することくらいしかできなかった。手当たり次第機会を利用した、もう一度いくつかの家を調べ、今度は古い家並みの中にあるC

通りに引っ越した。私たちの新しい家は前の家よりも安くて広かった。その上、二階にあった。それまでは私は両親の間で寝ていたが、今やリーナと共に部屋をもらい、初めて自分だけのベッドを手に入れた。リーナは寝椅子で寝た」

われわれはもうこの少女の性格描写を長く続けてきたので、次に何が起こるか大胆に予期することができる。彼女はそこで一人では長く寝たくはなくなるだろう。快適な状況から追い出されたくはないからである。彼女は既にこの点についてはしばしば触れたことがある。そのことで、私は注目の中心である、と表現しようとしている。それは彼女の精神の構築の空間的な叙述である。

「しかし、私はそんなに早く長く慣れ親しんだ親のベッドから追い出されたくはなかった。しばらくの間——移行期間として——母の横で寝ていた。それから初めて新しいことに慣れ親しむことに同意した。やがて私を一年以上苦しめていた狼瘡妄想は消えた」

そのことが一人で寝ることとどんな関係があるかはあまりはっきりしない。二つのことの間には類似性がありうるだろう。われわれは今までのところで、狼瘡妄想はどんなものであれ男性への関係に向けられていること、愛の問題を彼女が怖れていること、彼女が落ち着かないでいるのをわれわれが見るような動きを彼女がしていることを仮定した。おそらく、彼女は次のような〔責任を〕軽減〔する事情〕を持っている。人は一人でもいることができる！　と。私はわれわれが確証を見出すかどうか知らない。私はこの道を手探りで行き、確証を見出すか待とう。

「夜に一人で横になることに私は長く耐えられなかった。私のベッドも揺れた。センターピースが私に落ちてきて歯に当たったり、鼻が押しつぶされるのではないかと怖れた」

またもや美の欠陥である。

「それに対して、私は同様に非常にうるさかった。リーナが私にキスした時、私はしばしば彼女が歯や鼻を曲げてだめなものにしたのではないかと思い込んだ。シバンムシの幼虫が立てるバリバリという音が私を神経質にさせた。二日ごとにリーナは夜勤をした。本当に孤独だった」

姉は彼女のところに非常に都合よくやってくる。男性との交際を断つ傾向が、彼女をリーナに近づけることがわかる。既に早くから、一人で眠るようになる時、彼女は母親のそばで横になることを選んだ。われわれはそれが性愛の混乱からの脱出ではないか、男性を拒否し女性に向かうことが芽生えつつあるかに注目することになるだろう。

「そこで私は母に私のベッドで寝てくれるよう頼み、母のベッドで寝た」

われわれが他の人といる時に父親の中に男性を見れば、われわれの結びつきを台無しにしてしまうだろう。父親はここではたしかに無性であり、われわれはなぜ彼女がこんなことをしたかわからない。

「当時私はこんな習慣があった。就寝前にストッキング、それからストッキングバンドとして使っていたリボンを父のベッドの背もたれにかけた。そして、私の髪のカーラーをその上に積み上げ、私の肌着、スリップ、パンティーを父の掛け布団の上に広げ、靴をベッドの下に置いていたのである。

しかし、私の服、私の編んだジャケット、私のコートは入念に重ねて机の上に置いた。これらすべてを私は誰にも触らせなかった。そんなことがあれば私は逆上しただろう。ある時、夜にまだ起きていたのだが、突然、父が寝ている最中に顔を叩くことに気づいた。私は驚き、既に父は気が狂ったのではないか、と考えた。その時、父は目を開けてたずねた。『何が私の鼻の上をくすぐるのか』。そこで私は初めてそれが私のリボンであることがわかった」

「母親のベッドの中でも、センターピースが落ちてくるのではないかと不安になって落ち着かなかった。私はそれを毎晩おろすしかなかった。しかしやがて新しい妖怪が思い浮かんだ。両親のベッドの間にあるナイトテーブルの上に……」

ベッドは離れている。彼女は母親の役割を演じている。母親のベッドを使っているが、父親から離れて寝ているからである。

「……聖人画がかかっていた。しかも少し私のほうに向いていた。私の不安はその絵に向けられた。それが私のほうへ落ちてくるのではないかと想像したのである。それを片付けることを私は迷信から尻込みした。そこで私は自分の部屋に戻った」

この少女の状況を見れば、これは、古くから慣れている状況から動くことが困難なおそらく甘やかされた子どものやり方である。

「ある時、私は真夜中に大きな音を立てて落ちた。今や私のベッドはいよいよもって耐え難いものになった。私は母の横に寝た。母はさしあたり部屋の彼女のもとの場所にいった。聖人画の前で不安にならないために、ベッドの一番端まで移動した。しかし、この位置は最初は快適ではなかった。まだ十分守られているとも感じなかった――私は他の皆が寝てしまってから、しばしば起き上がった。寝間着であちらこちら歩き回り、ベッドで横になっている時の心配事から解放されるか考えた。ある夜、私は部屋の中でまさにリーナの枕元に立って、またもやくよくよと思い悩んだ。その際、私は思わず知らず大きな音を立てたに違いない――要するに、リーナは突然精神異常者のように痛ましい声で高い叫び声を出し始めたのである。彼女は幽霊が目の前にいると信じた。私はすばやく私のベッドのほうへそっと歩いて戻った……壁に迫る像が私を眠らせなかった。そこで私は頭を母の足のところに置こうと試みた。しかし、そのことは以前よりもさらに不快にした。互いに足を顔にぶつけることになったのだ。そこで父は私の部屋にある空いたベッドへ移ることになり、自分のベッドを私に空けてくれた。しかし、父のベッドの中でも、私は安全だとは思えなかった。私は自分が決して幸運に恵まれないだろうという考えがどこからきたかわからない」

　これは彼女が男性に近づく時、勝利をおさめた位置を得ることはできないだろうという考えに一致するだろう。

「父は彼のベッドに戻ってきた。リーナは私のベッドへ移り、私は彼女の寝椅子に移った。しかし、それは私にはあまりに短かった。私はリーナよりずっと大きく、足も長かった。私の足は寝椅子の端からはみ出てぶら下がったので、足を毛布で巻き付けなければならなかった。母がベッドを台所にある仕立て台の上に整えることを思いついた。しかし、それもあまりに固く、すぐ横にある窓から風が入ってきた」

この子どもがベッドの中で大いに困っているのがわかる。

「もう一度、父の横で試してみることが決められた。しかし、聖人画が怖いので、またもや頭を下方へと置いて、母の横にいた時と同じ困難が明らかになった。ついに父は家具職人を連れてきた。彼は私の目の前で私のベッドを根本的に修繕しなければならなかった。それから私は中に入って横になった。逆さまだったけれど、そこにとどまった」

彼女はわれわれがしばしばベッドの中での位置について話したことを思い出す。ベッドの中に逆さまに横になった時、それは抵抗を意味した。このような人においては、愛の関係においても反対向きになることが可能であるかどうかということはもはや意味をなさない。

「小学校を終えた時、父は私が仕立業の勉強をすることを望んだ」

彼女が仕立業に就くとはほとんど思えない。従属的な仕事だからである。

「しかし、私は勉強したいとはまったく思わなかった。私は、私にとってあらゆることにおいて規範であったリーナのように商業学校に入りたかった。またもや父はそのことに賛成しなかった。どれだけ高くつくかよく考えさせた。その上、父は私がピアノの演奏を訓練することを望んだであろうし、音楽学校で特待生になれるとも話した。それに対して私は答えた。『それなら私はまず普通のピアノ教師になる』。結局、私は音楽学校にも進まず、ピアノ教師にもならず、家にとどまった」

これは正しい居場所である。

「次の秋、初めて一年間の商業クラスに入った。しかし、クラス全体の中で学費を毎月払っているのは私だけだった。同級生は裕福な家庭の出身だった。しかし、彼女たちの中での居心地はよかった。私はすぐにきれいで繊細な人と仲良くなり、彼女たちから家に招待された。しかし、私は彼女たちを私の家に招待することはできなかったので――またもや私はある時、私たちの関係について可能なあらゆる嘘を持ち出した――私たちの友情は、例えばオルガとの友情のように親密なものにはならなかった。彼女とはぞっとするようなことについても話すことができた。私には礼儀正しい会話は嫌でたまらなかったが、何度も繰り返しそれをじっと我慢した。私はこの交友を正しく保つことに最善を尽くした……非常に不愉快なエピソードを思い出した。学校で戦時国債の署名をさせられた時のことである。署名は担任の教師が私たちをアルファベット順に呼び出すという形で行われた。そして、生徒の一人一人に父親の職業を指示して、どれだけの額を寄付したいかという質問をした。ほとんどすべての少女が、そのことへの同意を得ていて、それによって多くのあるいはわずかな額をあげた。しかし、私はピンで留められたようにすわったままだった。父がさらなる軍備のために赤いヘラー（銅貨）を使わずに残さなかっただけではなく――余った一塊のパンをまんまと手に入れた時は嬉しかった――集まったクラスの前で、自分が仕立屋職人であることを明らかにしなければならなかった。ゆっくりと不運が近づいた。順番が私にきた時、私は真っ赤な顔をして立ち上がった。先生は私の前にある紙を見ていった。「あなたのお父さんは仕立屋の職人さんなのですね――たしかに今の時局にそれは大いに役立ちます」。私はもはや何と答えていいかわからなかった……当時、私は概ねよく勉強していたが、計算ができただけで、簿記や為替の成績はよくなかった。朝、私は学校の計算の宿題を前にしていつも父にいった。『気分が悪い、起き上がれない……』」

これはよくある現象である。子どもがそれをしばしば練習すると、計算のことを聞くと自動的に具合が悪くなる。それはほとんど説明できないというような他の状況、例えば、教師が市役所の近くで不安発作に襲われるような時にも見られる。他の線を追求しても、なぜ市役所に原因があるかがわかるかどうかは私は知らない。そこで報告しなければならないとか、あるいは、居心地がいい集まりの中にいて、そこでいつ学校へ行くのかとたずねられたのである。五分後、彼は不安発作を起こした。これは人がそれについて話す時、その機会に起こったことを引っ張り出す時にだけはっきりする。それはウィーンの決まり文句でもある。「そのことについて何かを聞くだけで私は気分が悪くなる」

「――そして、ベッドに戻った。その翌日、再び学校へ行った。結局、計算の先生はどれだけ大変だったかを知っていたが、欠席している時に五点（不可）をつけた。ある時、私は先生に生意気な態度を取り、道徳で悪い点を取った。このような時、親が署名する証明書が持たせられた。私には父の前で怖れるいわれはまったくなかったが、それを何のために使うかを父が知ることなしに、反故に書かれた父の署名を手に入れる決心をした。その際、私は次のようにした。即ち、白い紙を取り、それを細い筋まで赤い吸い取り紙で隠し、それを持って父のところまで走っていって、名前を下に書いてくれるように頼んだ。父は当然まず吸い取り紙の下に何があるかを知りたいと思った。私はそれを取り除いた。すると見よ。真っ白な紙が現れた。唖然として父は、それが何を意味しているのかたずねた。私はただ笑った。そして父は、それはまた私の突拍子もない思いつきだと考えたのだろう、頭を振りながら署名してくれた」

　彼女にとって教師との闘いはほとんど楽しみである。彼女は教師の手にあまるようになろうと試みる。そして、このような仕方でそのことに成功している。

「しばらくしてもう一度同じことをした。そして、再び父は初めて隠された紙を示された。三回目は父はあらかじめ確かめることなく署名した。しかし、今度は既に道徳に二点がついた証明書だった……二時から六時まで授業があった。午前中は勉強した――しかし、元来私が勉強したのは、試験が迫っている時だけだった。そこで母は部屋にある小さな鉄製ストーブを暖めた。外では父が手伝い人と一緒に働いた。父は夜遅くまで働いた。昼間はずっと客がきて帰って行った。誰にも邪魔されずに、私一人で過ごすということは決してなかった。日曜の午前中も父は使用人を呼び出し、その上、日曜の午後も人々が試着しにやってきた。母と私、リーナにとってこの状態はぞっとするものだった。私たちは父に、他の仕立て職人のように、時間を決めて働き休んだほうがいいと説いて聞かせた。しかし、そのことについては話にならなかった。父はいつも私たちを責めた。『お前たちは仕立業を憎んでいる。でも私が働かなかったらお前たちは何も食べられないだろう』。食べるためにはたしかになおお金はあったが——さもないと、たちまち底をついた——絶え間なく懸命に働いても、皆には足りなかった。私たちは現金不足を脱していなかった。父の場合、異例に安くほとんど原価で納入することが次第にもう病癖となった。縫うことは父にとって情熱だった。きれいな服を仕立てること、友人や客を満足させることは父の野心であり、誇りだった。することがたくさんあったので、使用人は残業しなければならないほどだったが、週末にはしばしば賃金を払うには十分残っていないことがあった。リーナは自分のために給与が必要だったけれども、いつも父を助けなければならなかった。親戚が父のために帳簿をつけたいと思い、それどころか裁断し、試着さえすればよいような仕事も手伝おうとしたが、縫い仕事から気持ちが逸らされたのではないとしても、父はもはや進取の気性を持っていなかった」

　これは老人に硬直した形で見られる無意識作用に関係がある。私は無意識的に働いている人に、仕事をやめさせたり、年を取った教授に無意識化がやんだ時に人生を弱く重苦しいものと感じるからと仕事をやめるべきだとはいおうとしないだろうと告白しなければならない。ここでも何かそのようなことがあるように見える。

「父が仕事を文字通りただでやってしまうことに夢中であることは、私たちのところで怖ろしい諍いを招いた。母は、リーナに支えられて、父に非難を投げかけて愚痴をいい、これは生活ではない、私たち皆を破滅させる、と叫んだ。そして怒り狂って、何を考えているのか、子どもを一体どうしようと思っているのか、とたずねた。最初はしかるべく答えることを惜しまなかったが、話が私のことになると絶えず黙り込み、部屋に入ってきて髪の毛をかきむしった……」

「ある時テーブルの塵を払っていたら、不注意で手鏡を落とした。それを取り上げた時、亀裂が二つあるのを見た。十七歳なのにもう何もいいことがないなんていやだと思った」

ここでもわれわれは、神経症者においては、絶えず迷信を見出すということを示したい。自分自身を信じない人が、ある何か他のことを常に信じるということは理解できる。

「その日、私は少し気が滅入ってもいた。私はオルガのところへ走って行って、もう既にいつか鏡を割ったことがあるかたずねた。彼女はそれを思い出すことはできなかった。そこで私はこの機会に十七歳の時にいいことがないように彼女に同じように鏡を割る気にならせるように企てた」

平等主義者である彼女は他の人はいい目をしない努力を何度も繰り返しする。

「しばらくの間リーナは何かのことで腹を立てていて、怒って鏡を割った。私は用心して破片に近づきそれを観察したが、リーナが鏡を粉々にしたことに安心できなかった。十七歳の時にいいことがないことを知っていたに違いないからである……商業学校の化粧室で私の後ろで着替えていた少女に彼女の手鏡を落とさせた。そして半ばふざけて叫んだ。『わあ、今あなたは私の手鏡を割ったのよ』。私は驚いた。彼女は私を落ち着かせ、落ちたのは、彼女のであって私のではない、と断言した。私は不安で一杯になって、彼女にたしかにそういえるかたずねた。彼女はそのことを私に誓った。今や私は彼女を信じた。とりわけ、私は彼女にほとんど触れてないからである。そして、私は彼女をそうだと見なしたのでこう考えた。彼女が鏡を壊したかどうかはどちらでもよい、と。たしかに彼女は美しくない、彼女もいい目に合わないだろう」

ここでわれわれの解釈の証明を見ることになるだろう。つまり、彼女にはすべては十分美しいかどうかが重要であり、それが人生における一番重要なことであるということである。

「ところで私は思い出す」

彼女は何かを思い出そうとしている。

「小さな子どもだったある時、鏡は私をびくっとさせた。その頃、ガラス商店を通り過ぎたことがあった。陳列されていた鏡の一つを目にした。そこには私を見つめる私のひどく腫れた顔があった」

またもや腫れた顔だ。

「私は驚いて飛び退いたが、もう一度覗き込むことに耐えられなかった。その横に別の鏡がかかっていた。それは私の顔を不気味なほど長く伸ばしていた。父はそれはマジックミラーだと説明してくれた……私たちの石油ストーブにも明るく光るように鏡がついていた。この鏡は、と私には思えたのだが、私が既に目が不安になっている時に、私をイライラさせ、私の神経にひどく障るようになった。私はランプを手に取りたくはなかった。父のところに客がくると、私はランプを台所から部屋へと持っていくべきだったであろうが、五十人の客が外で待っていても、ランプには決して触らなかった。石油の炎のために鏡にヒビが入って、たまたまそばを通った時に、そのことから生じる不幸が私に降りかかるのではないかと怖れた。そこで、他の人をランプのそばにすわらせ、私は少し離れたところにすわった。しかし、鏡の破片が両親やリーナや私に飛んできても、彼らの不幸は私の不幸でもあるのだから同じことだと思い当たった時、父に鏡をランプから外してくれるまでしつこく迫った。私はまたもや父に何が起こるか心配になった。母はそれを捨てたかった。私は父に抵抗した。私は父がそれを壊すのではないかと心配だった。今や父はそれを誰かに譲ることを提案した。しかし、私はそれもよくないと思った。私はそれもひょっとしたら不運を意味すると想像したのである。ついに鏡は私たちの納戸の中にある木の箱の中にしまわれることになった」

　彼女がどんなに熱心に不幸な目にあうあらゆる可能性を避けようとしているかがわかるだろう。また、どんな過剰な用心をしてでも人は何らかの仕方で運命を支配できるという考えを織って生きていることがわかるだろう。この惨めな怖れの中には、神に似ているという思想も含まれている。運命を支配するために私は何をすべきか。

第十一章

「父は藁で編んだ裁縫道具籠を持っていた。その中にはいろいろなものが入っていたが、中でも対になった二枚の手鏡が入っていた。割るのが怖かったので、私は絶えずその籠に触れないように注意しなければならなかった。そこで、父は鏡を私たちのところへ端切れを買い取りにきた男性に売ることに決めた」

　彼女の注意の範囲はいよいよまわりにあるすべての鏡にまで広がることになった。このような先入観はどんな神経症の構造にとっても重要であり意味がある。とりわけ、それは強迫神経症において顕著になるだろう。この機会に起こることは個人心理学の展望にとって容易に理解される。他のすべての人生の社会的な課題は背景に移される。患者は彼〔女〕に委託された義務を捨てる。患者は、人生の課題を解決する際に人生の有用な（普遍的に有用な）面で失敗することがないように、すべての時間を有用でないことで忙しくすることに向ける。

われわれは既に、この並外れて甘やかされた少女が他のすべての人よりも優ろうとする優越性の目標に向けて努力していることを知っている。われわれは彼女がこのことに彼女の家族の中で成功したことを見た。今や歳を重ねると、家族の外にある共同体に近づくことになる。これが現在の状況である。彼女の成功は彼女にとってまったく確実なものではない。一般的に、甘やかされた子どもたちは皆、どれほど新しい状況に抵抗することか。成功が確実でなければなおさらである。その際、甘やかされた子どもたちが古い状況の中にとどまり、そこで優越性の目標を達成しようと努力することは、はっきりしたものになるだろう。これは神経症によって容易に成功する。その強さは、この目標に応じて強化されたものになりうる。父親がとりわけそうなるのだが、他の家族の成員も強迫観念の渦の中に入っていく。そして、彼女に家の中で優越しているという完全な印象を与える。

遊びの選択も今や明らかになる。少女は自分の役割を、今ややってくる人生の段階において、以前と同様より広い範囲で一番になり、より前面に近づくことに求める。愛や結婚の課題が近づいてくる。「男性との関係においても、私は他の少女を凌駕し、男性を私の支配下に置こう」。鏡は彼女の関心の焦点の中に入る。おそらくは、彼女の視覚的な訓練によって促進されているのだろう。時折、視力が弱いことがこぼされる。多かれ少なかれ目の欠陥を持ったすべての子どもたちは、最初彼〔女〕らの目に見えるものへの関心を困難を克服するために強化することを思いつく。その際、彼〔女〕らは色、線、影、遠近法をより正確に知り、この視覚的な関心をおそらく生涯にわたって保持する。

しかし、彼女はほとんど大抵の甘やかされた子どもたちのように、新しい状況を前にして自信をなくしたのである。彼女の好みは、愛と性の課題をそれまで彼女のすべての問題を解決することを試みてきた方法で解決することへと向かう。即ち、一番になろうとするのである。それにしても愛と結婚は社会的な問題である。それを解決するためには他者への関心が必要である。しかし彼女の元来のライフスタイルにおいては、甘やかされた子どもたちにおいてはいつもそうであるように、この他者への関心をほとんど完全に欠いている。彼女は他の人を支配しようとし、その人の意志に反して強制しようとする。このようなことが愛においても成功するだろうか。両親の結婚から、また、おそらくは彼女の環境のすべてから、彼女は女性が無制限に勝利できるという確信を持つことができない。愛は彼女の支配にとって危険な問題になる。そして、彼女は自分の力では好意のある人に対しては〔愛の課題を〕解決できることを確信できない。今や自信が持てないというこの強調された感覚において、自分の個性には責任はないと考えようと試みる。彼女の運命は、彼女は依然として、彼女が考えるところでは、鏡に依存している。一体、鏡はいつ壊れるだろうか?

広く見られる迷信が同じ救済の試みで幸福な愛と結婚を人が鏡を壊したかどうかに依存させる。よそよそしい悪意のある魔法が決定しなければならない。もはや自分の個性の魔法ではない。愛の競争で一番ではないのなら、割れた鏡に責任があるのであって、彼女の優越性は侵害されない。鏡を割る人は十七歳で結婚できない。迷信はそのようなことや、それに類することをいう。そうすると、彼女は「全世界において一番である」かどうかを決めることから解放されるだろう。しかし、さらにそのことを信じることができるだろう。彼女は、すべての甘やかされた子どもたちのように、彼女の最終目的のために楽な道を探し求めるのである。

二つの一般的な発言をここですることができる。分別を失うほど怒っている私を批判するわずかな人は、私が性や愛を私の心理学的な考察から放棄したと思い込んでいる。次のことを指摘することを許してほしい。ここでは神経症と精神病のすべてのケースや、同様に性倒錯におけるように、コモンセンスの愛は見出すことはできない。なぜなら、共同体感覚に属しておらず、権力追求のための性衝動だけが人生の普遍的に有用でない面に見出すことができるからである。いずれも普遍的に有用な関連領域から神経症的な関連領域の中へ入り、もはや全人間性（他者の幸福、人間の性の生殖）ではなく、個人的な優越性だけに関心があるのである。

第二に、私はこのような愛の生活の悪しき利用はいたるところで困難にぶつかることを強調したい。愛と結婚は、二人の人間にとっての課題なので、それらの合法性において一つの部分の強調のためには場所を持たない。パートナーの答えも、神経症者の不適当な発言を基準とすれば悪くなる。しかしとりわけ神経症者は、これがあらゆる人生の諸問題において事実そのとおりであるように、自分の不十分な共同体感覚が要求される時、いつも自分が悪いと感じる。なぜなら、すべての人生の問い（きょうだいが後から生まれてくること、学校、友情、人類への関心、政治的な見解、仕事、愛、結婚）は、社会的な問題を意味するからである。それゆえ、人は常に人生の諸問題に際して神経症者の動きにためらいの態度、立ち止まること、逃亡すること、あるいは性急な目的によって追求された激しい突撃を認めることができるだろう。心理的に見れば、この叙述は明らかに十分であり、身体的なことにおいては、不能、膣痙、不感症、倒錯が見られる。鏡の魔法で遊ぶことは、少女のためらう態度をわれわれに示している。鏡を割りなさい、そうすれば、勝利をおさめなかった場合でも、この出来事に責任がある。そして、彼女の優越性は救われる。自殺を考えることになる。死は救済として、絶望の最後の慰めとして現れる。

「ティルデの母のものである駄菓子屋の陳列棚に鏡がたくさんあった。それまでは私はそのことにまったく気づいてなかった。ところがある日、店の戸を閉める時に、突然鏡が割れたことを想像し、ひどく不安になった。ティルデは陳列棚の鏡をすべてしっかり調べて、ひびなどどこにも見つからないと請け合った。しかし、私は信じなかった。そして一日中非常に不幸だったので、自殺したほうがよいと思った。私は自分にいった。七年の間、私はいずれにせよ災難にあった。今なおそれに加えて七年経つと十四歳になる。私はもはや私の人生においては幸運になることはできない、だからすぐに死んだほうがいい」

「次の日たしかに私は落ち着いたが、それ以来、ティルデのところへ行く時には、店の戸を開いて閉じるためにリーナを連れて行った」

「通りや路面電車の中でハンドバッグを持った女性に会うと、私はいつも私がその人の手鏡を割ったのではないか、そうすることでまたもや七つの不幸を押しつけたのではないかという稲妻のような想像が自分の中に起こった。私はしばしばこのようなハンドバッグを持った女性を追いかけ、本当にその人が手鏡を持っていないか、そして持っていたらまだ割れていないかたずねたい、と思った。しかし、私はあえてそうしなかった」

質問がはっきりとはされない限り、鏡が割られるという可能性が残っている限りはということである。それゆえ、彼女はあえてたずねることができない。

「しかし、髪の毛を整える時は、私自身も鏡を使わなければならなかった。私は四角の手鏡を持っていた。私はそれをいつも大変注意して握った。時折、私はそれをあまりに激しくテーブルの上に置きすぐにガチャンという音を聞いたかのような想像をした。それで私は不安で一杯になって、両親かあるいはリーナのところへ走っていった。皆、鏡を徹底的に調べなければならなかった。それでもひびはどこにもない、わずかなかき傷すら見られないと厳粛に誓ったのだが、それでも、私は信じられなかった。そして、私自身の目をますますもって信じなかった。私はおそらく中にひびがあるのであり、それを裸眼では認めることができないのだという考えに固執した」

「そこで私はひびが入るのか確かめるために、鏡を可能な限り注意深くテーブルの上にあらためて置いた。そして、ただちにまたもやそれを割ったと想像した。そして長くそのように触っているうちに、この妄想は私の中でいよいよ強いものになり、興奮した。ついには私は荒れ狂った」

「ある時、私は通りでガラスの破片の傍らを通り過ぎた。足でそれに触れたのではないかという想像が膨らみ、たちまちそれを踏んだという確信になった。私は泣きながら走って家に帰って父に訴えた。『私に何か怖ろしいことが起こった』と」

鏡の話は十分に誇張することができない。ただそれによって目的を達成するために、神経症においてしばしばある出来事である。

「すると父は笑いながら、私の話によれば、きっと私ではなく他の誰かが鏡を割ったのだろうと考えた。きっと私は破片だけに関係したのであるし、そのことはきっと何も怖ろしいことを意味しない。しかし今度は私は慰められなかった。私はリーナを連れてきて、彼女に私が意図していることを気づかせないようにして、破片が散らばっている場所へ連れて行った。私は彼女と腕を組んで、気づかぬままにそれを踏むように巧みに仕向けた。今や初めて私は楽になった。私がもう幸運を持たないのであれば、――私は思った――あなたももはや持ってはいけない！　と」

他の人の優越性への闘いである。事実上、ここには愛の問題が潜んでいることを確認するためであるかのように、ちょうどいいところにカフェの所有者の息子がすぐに現れる。

「私たちのなじんだカフェの所有者の息子と私は仲良くなった。子どもの時に私たちは一緒に遊んだことがあった。彼の名前はハンスで、私と同い年だった。彼は言葉の障害を持っていた。扁桃切除手術の時に声帯を傷つけたのである」

「私たちはしばしば一緒に遊びに行った。でも男の人と二人になるのは嫌で、誰か新しい人と知り合いになりたかったので、ある時、彼に私のために男友達を知ってないかとたずねた」

二人は一人に及ばない。これは、神経症者がいわば二つ目の恋愛に関わることがないように一人にだけ引かれるという場合についていわれるいい回しである。少女がそれでも愛の課題に近づこうとしていることは、われわれを驚かすことはできないだろう。何かに背を向ける決心をしているように見えるが、それにもかかわらず、より危険が少ない状況で、神経症者の「でも」を払拭するために少しはためらいがちに前に進むような試みを肯定することができる。「はい！——でも……」がおそらく神経症の最善の定義である。

「……私はそのために私の女友達であるオルガを連れて行く、そうすれば、私たちは四人で出かけることができるだろう、といった。すると彼は、若い男性ならいくらでも知っているから、適当な人を見つける、と答えた。私はただしハンサムでなければならないという条件をつけた」

「彼の友達のフリッツは、背の高いブロンドの学生だった。彼は若いのに道楽者だった。彼はすぐに馬鹿げたことを夢中になってあれこれ話した。私ももっともらしい話をたくさん彼に話して聞かせた」

「ハンスにオルガは気に入ったかとたずねたら、彼は答えた。とってもすてきだよ、でもまだ本当の自分を見せてない。彼の好みからすると、あまり情熱的ではない……僕は情熱的な女性を求めている、と――その時、彼はやっと十五歳になったばかりだった。女の子と映画に行きたいと思ったら、父親からお金を盗んでいた。私は彼に答えた。『なんてつまらないことを考えているの！　とにかく、思い浮かんだように話さないと。あなたずるいわ。試してみて』」

「そこで私は彼に彼の長所を全部数え上げた。私はフリッツとも二人きりでいたいとは思わなかった。私は他の二人もそこにいてくれたらと思った。私に大いに影響を受けたハンスは、次も一緒にしようとはっきりといった。それに対して私は、もしもオルガの都合が悪ければ他の女友達を彼のために探す、と約束した」

「フリッツは私に非常に夢中になった。映画館の中で彼は私におずおずと近づいてこようとした。しかし、私は彼をこういって拒否した。『離れて話すのがいいわ』」

彼は従わなければならなかった。

「ある時、夕方、ハンスはひどく興奮して私たちのところへやってきた。フリッツがフォルクスオーパ（民衆歌劇場）の『リゴレット』の桟敷席を手に入れたから、急いで着替えたらいい、と。それは私にはあまりよいことではなかった。私は二人の学生と桟敷席に姿を見せることを少し恥ずかしく思ったのである。しかし両親はそれに賛成したので、私は大急ぎで準備した」

「フリッツは既に桟敷席で私たちを待っていた。彼は私に大きな花束を手渡して私の手にキスをした。私は真っ赤になって席に着いた」

「音楽は私に気に入ったが、一人で耳を傾けたかった。フリッツはその間ずっと私の手をしっかり握っていて、絶え間なく手にキスをした。私はそれを非常に厄介に思った」

「休憩時間に私たちは作品について話した。私はオペラを既に繰り返し聞いたかのように、歌手の一人一人について知っているかのようにふるまった。質問に対して私は答えた。『その歌手は今日は気分がよくないように見える』」

「公演の後、フリッツは本格的な愛の告白をした。そしてこれに対してこれからどんな態度を取ろうと考えているかとたずねた。私は答えた。『私はひどく冷たいのよ。すぐにわかるから』。しかし、私は彼を可能な限り拒否しようと決心した」

「ハンスはオルガと仲良くやっていけなかった。そこで私は彼に別の友達エルザを押しつけようとした。しかしすぐに私は彼に彼女は結婚の相手が決まりかかっていることに注意を向けようとした。しかし、おそらく彼はあまりまずいことしなければ、いやな人である彼女の崇拝者から彼女を奪うことができるだろう、といった」

「二人の男の子と帰ってきたら、エルザのところにたくさんの男の子と女の子が集まっていた。罰金遊びの間、フリッツは私にキスをしたがった。でも私は既に彼に反感を持っていたので彼に反抗した」

「皆はそのことを非難した。他の少女たちはすぐにキスをした。私が許したのは、せいぜい手へのキスだけだった。それでもう私には十分だった。私はもったいぶって名前を呼ばれた。当時はそれでよかった。私は非常に気取って話した。絶え間なくあちらこちらへ身体の向きを変え、どんな機会にもいった。『それは私には値しない』」

「そこで、家への帰り道、私はハンスにエルザが私たちを誕生日に招待してくれたと知らせた。そして、もしも彼女に気に入られたいのなら、おそらく何かを贈らなければならないといった」

「彼は私の忠告に従って彼女にマニキュアの道具を買った」

「エルザは私の崇拝者がどれほどステキな人かと大変驚いた。たしかに一般には彼はそう思われていた。しかし、ただの友情であって、ハンスは私が欲することをすべてしただけだった」

「そこで彼はもはやしつこいフリッツを連れて行くことはできなかった」

「しばらくしてハンスが私のところで、エルザが自分には関心がないように見えると愚痴をいった。彼はこれからは彼女と一緒にはこないだろう」

「私は彼女のところへ彼のことで探りを入れるために行った。彼女は非常に遠慮がちに話した。私たちが話している間、彼女は髪を真っ直ぐに梳かした。その時、彼女が梳いた髪の小さい房を持ち逃げしようと思いついた。それをハンスに渡すためである。私自身はなぜ彼と取り持とうと一生懸命になったかはわからない」

取り持つという傾向の根底には明らかに悪意のある害を加えるという意図がある。それについては、別の箇所で述べることができる。おそらく、いつも彼女が向かう少女、ライバルがいる。

「彼が次に私のところへやってきた時、私は彼に髪の毛を封筒に入れて手渡し、こういった。『それをエルザはあなたに思い出のために贈るの』」

「同時に私は彼にそのことについては話さないようによくいって聞かせた。そのことを彼女は望んだだろうから、と」

「その結果、ハンスは新しい希望を抱き、エルザに再びいいより始めた」

「しかし私が彼女は粗野な男にどうしようもなく夢中であるといった時、事態は私にとってばかなことになった。私はもはや立ち入らないでおこうと決心し、ハンスに命じた。『馬鹿な女のことは忘れなさい！　さあ私と一緒に他の人のところへ行きましょう！』」

「そして私が彼をエルザから紹介されて知っていた女の子であるヴァリのところへ連れて行き、つきあいを申し込み、キスを請い受けるまでは彼に口出しした」

「かなり経ってからある日、ハンスが私たちのところへやってきて、おかしな笑い方をしながら、私に気分がよくないといった。私は彼について行って長く話した後、彼は私に淋病にかかっていると打ち明けた。彼はそれに付け足した。『本当のプレイボーイはそんな目にあわなければならない』」

「私はたしかに彼の病気に関心を持ったのだが、感染することを怖れて別れる時に手を差し出すことを避けようとした」

感染を怖れることがはっきりと現れ、これは必ず愛の問題を避けることに使われるだろう。

「彼が母親から装身具を盗み、それを売り払ったことが明らかになった。父親の金庫からもお金を盗んだ。厳しく叱られ、日曜の午後にしか外出できなくなった。そこで彼は私を迎えにきて、遠慮して近所を散歩した」

「父はハンスのことを大いに気に入った。彼は父にプレイボーイを演じることがもっとも大きな誇りであると話し、楽しい時を過ごした。父が彼に作った黒いジャケットを着ていると、小さな彼はかわいく見えた……」

「日曜の午後、私はオルガと市立公園へ行った。私ははつらつとしていて家から家へと自由にまわって歩くことができた」

「私たちはそこで歌いながら歩き回った。二人の海軍将校がやってきて、私たちを見つめて笑いかけてきた。私たちは互いに目配せをしてゆっくりと向きを変えたら、二人は私たちを追いかけてきた。そして突然彼らは私たちに話しかけた」

「私たちは困惑し、ほとんど何も答えられなかった。たしかにそれまでも男の子たちとは恋の冒険をあれこれしてきたし、いつも当意即妙な受け答えをした。でも彼らのような若い男性は私たちにとってはまったく初めてだった」

「私の同行者は私に自己紹介し、それから海の生活からのあらゆる話をした」

「私たちは楽しむために、外国人、オルガはハンガリー人、私はルーマニア人であるふりをした。そしてブロークンなドイツ語を話した。しかし、この嘘を長く続けることはできなかった。この醜態は私たちを恥じ入らせ、おずおずとさせた——私たちはいよいよ口数が少なくなり、二人はほとんどすべての言葉を私たちから引き出さなければならなかった。しかし、まさにそのような私たちの気後れが、私の海軍将校には気に入ったように見えた。彼は私から目を離さず、好意溢れる言葉を続け、興味を持って私の境遇についてたずねた」

「オルガも絶え間なく赤面し、何と答えていいかわからなかった」

「それから私たちはダンスホールへ行った。次第に私たちは打ち解けた。楽しい会話は弾み、時が過ぎた。突然七時であることがわかると、私たちは驚いた」

「私たちは路面電車まで送ってもらった。彼らは喜んで家まで電車に乗るといったが、丁重に断った。私の将校は私にかまうことをやめず、休暇がもう今日で終わりで明日は海に戻らなければならないことがどれほど残念かを強調した。彼は電車までいくことを私に頼んだ。しかし私はオルガや他の女友達に時間があるか知らなかったので一人で行くことをためらったので口実を使った。彼は私に手紙を書けるように、私の住所を教えてほしいといった。私は私のところへ手紙がきては困ると答え、代わりにフロリスドルフで徒弟として働いていたオルガの兄の住所を教えた」

「別れ際、私の新しい崇拝者は非常に感激し、いい子でいるようにいい聞かせ、すぐにまたくることを約束した。「娘よ」と彼は私を呼んだ。もう一度、もっと早く知っていなくて残念だ、私のことを決して忘れない、といった。そして、あなた（du）[1]と手紙の中で書くことを許してほしい、私のことを思ってほしい、といった。涙が彼の目からほとんど溢れそうになった。しかし、私はまったく感動しなかった。ただ私には、初めて会った人にこれほど夢中になることが奇妙に思えた」

「二週間が経った。私はこの出会いを次第にほとんど忘れてしまっていた。ある日、オルガがやってきて、すぐに私のところにくるように、と囁いた。家に帰ってきた兄のところに私宛ての手紙や葉書がたくさんきているというのである」

「まず最初に私は非常に驚いた。そして既にもう一人の海軍士官は約束していたにもかかわらず、オルガには手紙を書いてなかったという理由で嬉しかった」

「手紙は優しさに溢れたものだった。そのことで、手紙は私を大いに感激させた。読んでいると震えがきた。私の本性に反して何かに動かされるのを感じた。私は彼が私をつなぎ止めたいと思っていると感じた。そして、そのことは私を非常に憤慨させたので、私は一日中落ち着かなくなった。私はまだほとんど子どもだった。生理すら始まってなかった。男の人と一緒にいると考えるだけでも身震いした」

「私は部屋の中にすわった。そして、私に何が起こるだろうかと想像した。そこで、私は彼に対してひどい怒りを感じた。自分自身にも嫌悪の念を抱いた」

これは明らかに愛を回避する表現である。

「オルガはたしかに私に返事をするように勧めたが、冷たかった。それから私たちは、彼が持つように強いるであろう良心について話した。私たちは彼を罵り始めた。そして私はあざけった。『彼は私がいつか彼にキスだけでもすると信じたら、長く待つことができる』」

「私はまだ一度もキスをしたことがなかった。早くも私にはキスは最悪の事態に思えた」

「彼からはほとんど毎日手紙か葉書が届いた。彼は私に写真も送ってきた。ついに、次にウィーンに滞在する時、私の手を取ってもいいか問うてきた。それは私をますます落ち着かなくさせた。私の慣れた環境、私の環境から脱出するだろうと考えることは、私には耐え難いことだった。私はあいまいにただ数語で答えた」

「両親はこのような有利な結びつきに何も反対しなかったであろう。二人は私が陥った困惑を知ると私をからかった。私は父にいった。『私はお父さんとしか結婚しないわ！』」

今はフロイトによって放棄された少女のエディプス・コンプレックスを想起せよ。連関から個人心理学の解釈が優れていることが明らかになる。父は彼女にとっては無性的なのである。

「私はまたまったく子どもじみていた」

「しかし海軍士官は食い下がった。次の手紙の中の一通で、私に仲間の一人が彼の名前で訪問すると伝えてきた。そのことで私は再び怖くなった。それに士官を私たちのところに受け入れる準備ができてなかった。落ち着いて話せるような部屋すらなかった。どの部屋も父の仕立てのためのものだといっていいくらいだった」

「そうこうする間に、私は会社に勤めるべきだという話が家でしばしばされるようになった。商業学校を卒業してから私は何もしてなかった。十一時に起き、すぐにお腹が減ったと大きな声を上げ、怖ろしいほどたくさん食べた。一日中友達のところへ行き、家には食べるために帰るだけだった。父はこのままではいけない、としばしばいった。家にいて少しは仕事の手伝いをするか、それとも会社で働かないといけない、といった。しかし、経済のことはとうに興味がなかった。会社では少なくともお金を稼ぐことができた。ある朝、私は父に日刊新聞を買い、その中に広告を見つけた。それによると、ヒュッテルドルフの化学会社が初心者を探しているということだった」

「母がついてきてくれた。私はすぐに採用された」

「それから私たちはＫ病院のリーナのところへ行った。私の姉はこの日夜勤だった——私は仕事に就く前でなかったらもはや彼女と話すことはできなかっただろう。路面電車に乗ると、私はすぐに母が何かを考えていることがわかった。母は黙って私の隣にすわっていた。すぐに打ち明けてくれた。採用されなかったらよかったのに、あの仕事はきつすぎる、ひどく疲れるに違いない、と」

「父も自分の考えを後悔しているように見えた。父はおそらく私がこんなに早く仕事に就けるとは思っていなかったのだろう。父も仕事はきつすぎる、午後に三十分休憩があるだけでずっと続く労働時間には耐えられないだろう、といった。父はすっかり興奮していた。私は、せめて試してみる、と主張した」

「『お父さんは最初は私を追い出しておきながら、今は私の邪魔をしている』と私は父を非難した」

「別の朝、私は非常に早く目が覚めた。母は私が着替えるのを手伝ってくれた。それから熱いお茶が一杯入ったティーポットと冷たい豚肉、パン、角砂糖を持ってきてくれた。父は私が遠くまで旅をするかのように私を祝福し、何か不都合なことがあれば、すぐに帰ってくるように頼んだ。父も母も非常に感動していた。私はかなりふさぎこんで出かけた」

彼女が新しい仕事を大いにほめてほしいのはたしかである。おそらくこのような仕事の立場の性質上、この少女がすぐに両親の家に帰ることを予想できる。彼女は甘やかされた子どもなので、第二の人生の課題である仕事にもよく準備ができておらず、ためらったり立ち止まったり、あるいは逃げ出すように見える。すぐに報告される興奮は、人が事柄や他者のことを考えず、ただ自分が勝利することや負けるかもしれないということしか考えない時に陥る内的な緊張の兆候である。この高められた緊張において、未発達な共同体感覚とあまりに高められた自分自身への関心の兆候として、あがるということが起こる。勇気、自尊心そして楽観的な見方は、自分は他者と結びついていて、自国にいるように感じ、自分は全体の一部であると感じる人だけに見られる。完全な共同体感覚の一面としての勇気である。

「会社には何人かオールドミスが雇われていた。彼女たちは最初の仕事として罫を引くために分厚い営業名簿を私に与えた。私は興奮していたので、すぐにいくつかインクの染みをつけてしまった。私はまたコピーをアルファベット順に並べなければならなかった。それは私の目をひどく疲れさせた」

彼女の目への強い関心はおそらく両親によって養われたのであろう。彼女は近視でしばしば目をいたわるようになった。それは退却のサインとして現れた。

「会社の上司は制服を着た若い男性だった。彼は私を呼んで私にいろいろなことを教えた。そして私を励まし、最初はたしかにあらゆることは新しいことだが、しばらくすればうまくいくだろう、といった。しかし私はそれまでのことで既にうんざりしていた」

「昼休みに私は豚肉を食べお茶を飲んだ。しかし私には何も食べてないのも同然だった。私は途方もない量を食べ、スープを数杯スプーンで飲み、その際本も読むことを習慣にしていた。オールドミスたちは私をほとんどひどい神経質にした。私は突然お腹が痛くなり、午後の間ずっと席を立って何度もトイレへ繰り返し走らなければならなかった」

おそらく仮定でしかなく、他の事実から裏付けられなければならないが、おそらくこの少女は胃と腸の障害を伴った強い精神的緊張に反応するタイプに属している。

「とうとう私はティーポットを壊した。やっと五時になった」

「私は疲れ果てて路面電車までよろよろ歩いていった」

「家では、私の家族は互いに関心の点では引けを取らなかった。リーナは私の腕を取ってため息をついた。かわいそうに、真面目に働いたに違いない。母は私を抱きしめて激しくキスをした。父は机から立ち上がってこちらへやってきて私を撫で、愛情深く私を見つめ額にキスをした。それからおいしい食事が準備された。私の大好物ばかりだった。しかし私はひどく疲れていたので、食欲がまったくなかった。そのことがまた父をひどく怒らせた」

「父は大きな声を上げた。『お前はすっかり衰弱するだろう。三日でもこの会社に行けば、私はお前を病気にならせただろう。そう見える。青白いし、頬がこけている。我慢してはいけない。若い子がたくさんいて、あまり監視されることもすることもなく、陽気にもなれる、遠くない会社が必要だ。明日はもう行かなくていい』」

彼女の態度の全体、家にいて手伝いをするという彼女のもくろみが一連の甘やかしを誘発している。

「すぐに食事の準備ができた。その時、鐘が鳴った。母とリーナが走って出ていった。私は部屋から私の知らない男の人の声を聞いた。リーナが台所に戻ってきた。海軍士官の友達だった」

「私は驚いた。私は二度と彼とは言葉を交わす気にはなれなかった。私はリーナに外出したことを口実にしてほしい、と頼んだ。一方で私は残念でもあった。しかし、私は午後の下痢で非常に疲れていたので、悪い印象を与えることを怖れもした。私には事態の全体がひどく辛かった」

愛と結婚の課題から逃げている。われわれは人が自分の目標（この場合は愛の問題に対するためらいの態度）を正当な理由で達成しようと試みていることを認めても、そのことを驚いたり、迷ったりしてはいけない。それはしばしばアリバイとして現れる。あるいは、重要な反対根拠として評価されることが期待されることが起こる。われわれの事柄を確信していれば、反対根拠はあまりわれわれの関心を引くことはない。われわれは愛の問題の解決に導く動きがないことに気づく。あるいはハインリッヒ・クライストがいうように、「最後の審判はあなたがたの理由をたずねない」

「母とリーナはなおもしばらく士官と談笑した。私はその場を動かなかった」

「彼が帰るや否や、私は死ぬほど疲れてサッと服を脱いでベッドに入った。私はなおも父が母に、今日の疲労から回復できるよう長く寝させておくのがいいといっているのを聞いた。それから私は寝入った」

「次の日、父が会社に行って、私が病気だという口実のもとに退職を申し出て、証明書を返すよう要求した。しかし、上司は交付せず、健康になったら私がこちらにくるべきだ、といった」

「しかし、父は出かけることを禁じた。二週間後、父は私の証明書も受け取った――」

「海軍士官からはなお一通だけ、私には悲しい気分で書かれたと思える手紙がきた。それからは彼からは何も連絡はなくなった……」

「ある時、友達と街の中を歩いていると、私たちは二人の少尉から話しかけられた。私たちは彼らを追い払った。しかし彼らは私たちから立ち去らず会話に巻き込んだ」

「私は二人のうちの一人と先に行き、私の友達を見失った」

「若い士官は静かな小路を通って私を連れ歩いた。夕方だった。突然、彼は私を抱いてキスをした。私は必死で抵抗した。その際彼は帽子のロゼットで私のベールを破った。私はそれをリーナから借りたのだ。腹を立てて叫んだ。『すぐに私から離れて！』」

「彼は青ざめ謝った。私は答えた。私はもうあなたとは関わりたくない。私をそっとしておいて。彼はいった。私のベールを破ったのだから弁償したい、と。私は答えた。あれはもうあきらめるから。そして急いでその場を去った。彼は私に追いつき、もう一度謝った。そして、私が彼に住所を教えてくれなければ、ベールのお金を私の目の前で乞食に与える、と脅した。私は彼に大声で好きにしたらいい、といった。そしてもう一度彼を立たせた。しかし、私のところへ走ってきて、私が落ち着いてデートに同意するまで説得した」

「私は士官を見せびらかせるために、彼を私たちの近所に呼び出した。しかし彼がA広場で待っていて、その上、薔薇の花束を手にしているのを見た時、いやな感情が私を襲った。きまりが悪くて私は薔薇をうつむいたまま受け取った」

もちろんこのしつこい士官は、少女が路上で話しかけようとしたので、彼女の知り合いの前だけで見せびらかすという意図に応じて多くのことを期待できたのだが、彼女がその士官を正当化された理由で拒否したことは、またもや性的な領域における誤用を示している。

「彼はカフェに入ることを提案した。最初、私は拒んだ。彼はかなり冷淡だった。私たちはBカフェに入った」

「会話が進むと、彼は二人だけで話をしたくないのか、とたずねた。私は今だって誰もここにはいない、と答えた。それに対して、彼は、そうは思わない、ここは居心地がよくない、二人だけで内密に話をしたい、といった。今や私は理解した。

『何を考えているの！　そんなことはできない。私は家に帰りたい！』」

「通りに出ると、彼は最初から私を説得し、彼のことが怖いのか、とたずねた。私には何もしないという士官としての誓約をしようという。そうして歩いていると、突然、家の中へと押し込もうとした。ホテルだったと思う。私は逃げた。彼は追いかけた。私に追いつくと、私は腹を立てて男の人と二人きりでも何もさせないし、そんなことをしたいとは思わない、と大声を出した」

「『それでは君は私のことを信じないのか』と彼は私にどなった。『それは侮辱だ！　私は君に誓ったのだ！　僕はいたずら小僧じゃない！　よく考えてくれ！』

『考えることなんかないわ！　錯覚しないでよ！』」

「結局、あちらこちらへと行った後、私は彼とデートを続けた」

「今度は彼は私に彼の写真を持ってきた。私はばかばかしいと思った。私たちはS公園まで行った。そこでは、彼は私にキスを求めてこなかった。私は彼に説明した。『私は誰ともキスをしたことがないの。いつかキスをする時は、愛している人とするわ。でも私はあなたのことは少しも愛してない』『キスするのに愛なんかいらない。僕に夢中になるよ。本当のキスがどんなものか知らないのだろう』」

「私は知ってみたくなった。本当のキスがどんなものか知らないことは実際恥だろう。そして、もしも彼が私からキスを奪ったら、抵抗しないでおこうと決心した。長くはかからなかった。彼は私からキスを奪った。しかしその時嫌悪しか感じなかった。それから私は彼に寒い、家に帰りたい、といった。彼はキスした時に、私が暖かくならず寒くなったことで明らかに傷ついた。そして、腹を立てて私に大声で怒鳴りつけた。『これかあれか！　二度と会わないか、それとも、あなたが後悔することがない美しい愛になるか。私はあなたに士官の誓約を与えた。いったいあなたはそもそも何を信じるのか、誰を相手にしているというのか！』

『この口調であなたはそもそも私に何も伝えていない』

『私は何もしない——これでおしまいよ』

『よく考えたまえ。八日の猶予をあげよう。同意しないのなら、私の写真を返してくれ』

『あなたの写真よ。さようなら』」

「写真を彼に手渡し、踵を返して立ち去った」

「次の日、早朝にティルデのところへ走っていった。そして彼女にキスをし、今や本当のキスがどんなものか知っていると話した。そして、彼女にあらゆる喜びをもって叙述したが、キスのことは少しも覚えていなかった。それから私は彼女にできるだけ早く同じ喜びを得ることを勧めた」

彼女の異性との関係は間近に終着駅が見える。彼女はもはや彼女の家庭の中でのように一番になれないことを怖れる。彼女は火遊びをするだけだろう。そのすぐ後で、ティルデを彼女自身が恥じる危険な道に行かせようとしていることを自慢している。

「しかし、私は夜、口をマンガンで徹底的に洗い、十回も唾を吐いた……」

「ティルデには彼女が少しも愛してなかった崇拝者がいた。そのことが私に腹立たしい思いをさせた。私は彼女をそそのかして彼に背かせようとして、彼は彼女にはふさわしくないと説得する努力をした。しかし、そのことがあまりうまくいかなかったので、私はミーナに助けを求め、彼女に苦労してティルデのところでは彼について否定的な意見をいうように教えこんだ。すると、ミーナは彼女にもいった。『あの人はいやな人よ！』。それに対して彼女は小生意気に答えた。『彼があなたに気に入る必要はないわ。大事なことは彼が私を気に入っているということよ』」

彼女が他の人の愛の幸運の邪魔をするというこの努力において、彼女の愛に対する全般的な拒絶が表されている。しかし同時に、関心の中心にいない時に興をそぐ人であるという傾向も表されている。同様に、クラスや遊びにおいて主導権を持てない時、自分自身が劣っていると感じるので、せめて他の子どもたちの邪魔をすることで、学校では甘やかされた子どもになる。

続いて起こることは、彼女にとって危機的なものになる愛の戯れから冗談を作り上げ、男性たちをからかうことで、男性に対する優越感を作り出すことである。

「彼女に別の考えを吹き込むために、私は彼女を私の午後の散歩に連れて行った。私たちは大きな帽子をかぶり、顔まで目深に被った。父が私に古い山羊の皮から作ったボアを私は鼻まで引き上げた。ティルデは狐のボアを巻き付けた。顔の中で目しか見えなかった。その目を私たちは男性が通り過ぎると白黒させた。私たちはしばしば話しかけられ、カフェへ連れて行かれた。そこでパンを貪り食べた。しかし、カフェからこっそりと逃げ出した」

「ある時、四十歳から五十歳の男性が私たちに話しかけてきてバーに招待した。それを私たちはまだ体験したことがなかった。初めは私たちはためらった――しかし、一人に二人というのはあまりないことだろう、と私たちは考えた」

「派手に着飾った淡いブロンドの髪の女性が私たちをもてなしてくれた。彼女は男性に何かささやき、前にカーテンがかかっている仕切り席へと私たちを連れていった。男性はワインを注文した」

「私たちは薄気味悪くなった。カーテンは引かれてなかった。しかし、まさにダンス音楽を演奏しようとしたピアノ弾きの他にはその居酒屋全体には他に誰もいなかった。ワインが注がれるや否や、ティルデが私の耳元に、注意したほうがいい、男性はひょっとしたら興奮させるか麻痺させる薬をグラスに注いだかもしれないとささやいた。不安になるのに時間はかからなかった」

「私たちは絶え間なく飲むように促されたけれども、ワインに少し口をつけただけだった。その代わりクッキーを食べた。今や彼は私たちの間にすわった。しかし、私たちは不安になって怯むことはなかった。既に私は一緒に出かけたことを後悔した。そして、どうしたらできるだけここから姿を消すことができるか考えた。男性は手強いようには見えなかった。私たちが帰ろうとするのを怒った。そして興奮して、一体私たちが何を想像したのかとたずねた。私はいよいよ気後れした」

「彼がしばし席を外した時、私たちは立ち去るためにこの機会を利用したいと思った。しかし、ブロンドの女性が外で私たちに注意を払っているように見えたので、私たちは彼が暴力を加えたらどうするべきか相談した。当然、私たちの身を守ることができる武器は何一つ持っていなかった。その時、ティルデが思いついた。緊急の時には、私たちの横にある誰もすわっていない二つの椅子でお腹を叩いたらいい、と。タイミングよく準備できているために、私たちは手を椅子の背もたれに置いた」

「彼は戻ってくると改めて私たちに近づいてきた。私たちは再び彼を押しのけた。彼は怒って、私たちを馬鹿な女、恥知らずといって、私たちが彼をだましたと非難した。本当に怖かった。彼は新たに攻撃してきた。それでも、私たちは椅子を使わなくても攻撃を撃退することができた」

「最後に支払いするしかなかった」

「黄色い髪をした女性は、私たちがここから去っていった時、唖然とした」

「通りで男は私たちを再び罵倒した。しかし私たちはもう彼の前で安全であると感じたので、彼は大声で私たちを……といった。そして立ち去った。私たちは大過なく切り抜けることができて嬉しかった。そしてこのようなことにはもはや関わり合いを持たないでおこうと決心した」

「リーナがダンスの講習会に参加することを勧めた。ダンスレッスンは週に二回だった。いつも私は違う学生に家まで送ってもらっていた。しかし誰にもキスさせなかった」

「ある日、ティルデが別の女の子と一緒にやってきて、私たちの近くのAで仮面舞踏会があると私に話した。私たちは三人で古いウィーンの衣装で行くことにした」

「私は一度も舞踏会に行ったことがなかっただけに嬉しかった。私はどうしていいのか見当もつかなかったが、すぐに承諾した。父は私の健康を心配して、これまではいつも舞踏会に行くことに反対していた。ふさわしい服も持っていなかった。いわんや私が衣装を作ることはできなかった」

「ティルデとグレーテルは既に白い衣装と黒い仮面を準備していた。私はそれについてまだ父に話す勇気もなかった」

「舞踏会の前の午後、ほとんど最後の最後になって、私が知っている金持ちの少女を訪ね、彼女に服と舞踏会に必要なものを貸してくれるようお願いしようと決心した」

「彼女は同意し、私は彼女のたくさんの服の中から私にもっともふさわしいと見えた一着を選んだ。彼女は私に仮面と扇も貸してくれた。エナメル靴は自分のを持っていた」

「父にはティルデのところに行くことを口実にした。母には打ち明けた。母は私に入場券のお金もくれた」

「荷物を持ってティルデのところに着いた時には、彼女はもう舞踏会へ出かけていた。荷物の中にはリーナのおしろいやリップクリームが入っていた。ティルデの母親が着替えを手伝ってくれた。金持ちの友人は私よりほとんど三倍も太っていたので、彼女の服は私にはだぶだぶだった。そこで大急ぎで安全ピンで留めなければならなかった。それから仮面を試着した。仮面は私を圧迫し、まぶたを歪めたが、真っ直ぐに直す時間はなかった」

「他の女の子は皆もうダンスホールの入り口にある階段に同伴者と一緒にいることに気づいた。私だけが一人だったので当惑した。それで私はすぐに仮面を着けることにしたのだが、つまずかないように時々仮面を少し上げなければならなかった」

「ダンスホールはぎっしり満員だった。ちょうど休憩時間だった。私は友達を探した。すぐに見つかった。彼女たちはベンチにすわり、ひそひそ話をしていた。私は彼女たちの近くにすわった。それなのに彼女たちは私が誰かわからなかった」

「しばらくしてから私は彼女のほうに身をかがめていった。『ティルデ嬢はお元気?』。二人は呆然とし、大きな声を出した。『わ、クララだ』」

「彼女たちは私がやっときたことを大いに喜んだ」

「音楽の演奏が再び始まった。私たちは真剣に打ち込み、熱心に踊った」

「ブルジョア風の男性が私をダンスに誘った。彼はたしかに私には年がいきすぎているように見え、発音の仕方は滑稽で、彼のワルツもあまり魅惑的ではなかったが、彼が私の渇きを癒す助けになればいいと思ったので、ダンスが終わった後も彼と楽しく過ごした。それから私は彼に私の友達を紹介した。ティルデには前もってそっと伝えておいた。『たまたま上手に踊れない人を見つけたの。彼が私たちと一緒にレストランへ行ってくれたらいいのだけど。ちゃんと彼にこびを売って!』」

「彼は私一人だけのはずが三人になったことにあまり嬉しそうには見えなかった。しかし、私は彼に理解させた。三人皆かそれとも一人もいないか! と。そこで、私たちはレストランへ入ってワインを飲んだ。グラーシュ(パプリカ入り肉シチュー)については私はもちろん香りをかいだだけだった」

「十五分後、私は丁重に謝って、私の踊り手を二人の友達に委ねた。しかし彼はすぐに私を追いかけてきて、絶え間なしに私と踊りたがった。可能な限りかわした」

「ホールの端に大きなボンネットがかけてあった。踊っている時にそれを被ったペアは『結婚』しに行かなければならなかった。つまり、個室で互いにキスをしなければならなかった。不幸なことに私は年のいった人と被らなければならなかった。しかし私は彼にキスをされることを拒んだ。私は彼にいった。

『ティルデをよこすわ――私はいやよ』」

「ティルデもグレーテルを指した。しかし、彼女はそのことについて何も知りたくはなかった。そこでよき人はキスを失い、支払をしたのに無駄になった」

「それから私はたくさん踊り、たくさんの花と小さな花束を受け取った。次々に相手を変えた。仮面だけが私の邪魔をした。私は真夜中になってやっと仮面を取ることができた時、嬉しかった。今や私は初めてそれから解放されて踊り、デートの約束もいくつかしたが、そのうちのどの約束も守らなかった。そんなふうにして私の舞踏会は終わった」

「何人かの若者が私たちに同伴を申し出た。私たちは感謝したが断った」

「私は再びティルデのところで着替えた。彼女の母親は靴屋のことを私たちがどう呼んだかという私たちの体験を笑った。この後、私はこっそり家に帰った」

「父はまだ起きていた。父は私の顔を見ると暗い顔をした。私は父にはまったく何も話しかけなかったが、舞踏会について陽気に話をしたので、父はもはや深刻なままでいることはできなかった。最後にただこういった。『でももう一人では舞踏会に行ってはいけない。次は時間があれば私も行く。

一晩踊り明かそう、お金のことは心配しなくていい』」

「ダンスのレッスンの時、いつも同じ服を着なければならなかった。もう長く新しい服をほしかったのだが、私たちはそのために十分なお金を持ってなかった。どうすれば新しい服を手に入れることができるか悩んだ。会社に縛られることは決して望まなかった。どんな事務所で働くことも私は嫌いだった」

「新聞広告のあちらこちらに目を通した。ある時、こんな知らせが目に入った。『見習人募集、軽労働、高給、四区(2)など』。私はこの広告を両親に見せた。しかし、両親はこの勤め口に賛成しなかった。そして、何のために私を商業学校に入れたのだったのかとたずねた。私はただお金のためであり、お金が稼げればどちらでもよい、と答えた」

「その数日後はもう私は長いテーブルについて、互いに羽毛をつまんで引っ張っていた。他の女性労働者は大きな目を見開いて、私を見た。しかし、私は彼女たちを気にかけなかった。そして機械的に糸を紡いだ。その時発生した塵が絶え間なく私を刺激し、咳が止まらなかった。しかし、私は自分に打ち克った。私が稼ぐお金のこと、それで買うであろう服のことを考えた。それから私は女性労働者が工場長と結婚する映画のことを思いついた。不幸なことに、私のボスは小さくて年のいった太鼓腹の人だった」

「この私の羽毛を引っ張る仕事を始めたことを父に話したら、父はそれは私にはむいてない、このような仕事は肺に危険だ、といった」

「ある時、私はそれでも行ってみた。すると父はついにそれを禁じた。私はいくつか十字架を取ってきて、他の仕事を探すことを誓った」

「しばらくして次のような広告を目にした時、私に向いた仕事を見つけたと思った。映画女優養成。N・N教授」

「今度はリーナについてきてもらった」

「赤い絨毯を引いた部屋の中には大きな翼が置いてあった。その中でまだ大変若い自称教授に迎え入れられた。彼は最初はリハーサルに居合わせるように頼んだ。その後で試験を受けることができるというのである」

「二人の若者と一人の非常にしゃれた少女が登場し、ラブシーンを演じた」

「私の番になった。一人の若者が私のパートナーに割り当てられた。彼は結婚に反対する父親を演じることになっていた」

「若者はすぐにしかめ面になった。私は悲嘆にくれる女性を演じた。そして、父親が私の願いを断った時、どんなふうに反対しようかと想像した。私は足で地団駄を踏んで叫んだ。『そんなにいやそうにしないで』」

「皆が爆笑し、拍手喝采した。そして叫んだ。『すばらしい』」

「教授は私に才能があると見て、すぐに私との時間を決めた。でもリーナは教授に先に両親に話さなければならないといった」

「父は私の新しい計画を聞くとあらゆる懸念を持ち出した。そして、そのためにお金を調達することはできないといった。私のこの人生行路も早々に終わることになった」

「まもなく歯科医師のところでリーナのように助手になることを思いついた。私はそれはかなりやさしい仕事だと考えた。私は歯を抜かれる時に人がどんなふうにふるまうか知りたかった」

「新聞に適当な広告が載っていたので、ただちに行動を開始した」

「歯科医は、年がいったあごにとがった髭を蓄えた男性で私には気に入らなかった。彼は私に予備知識を持っているかとたずねた。私は知らないといった。医師はそのことで少し文句をいい、私の住所を書き留め、私を解放した」

「二日後、私は医師から葉書を受け取った。そこには彼を訪ねるようにと書いてあった」

「彼は私を雇う決心をする前に家族関係をたずねた。彼は非常に衒学的な人に見えた。その時、彼の妻がやってきて、私を子細に観察した。彼女はバスローブを着ていた。『こんにちは』といわなければならないことに、私には大いに抵抗を感じた」

「給与はわずかなので、その補助金とし、十分なチップを与えるという約束をした。また私の前任者は彼から逃げて結婚したことも説明した。最後に彼はなおいつもちゃんと髪を整えるように私に命じた」

「次の日、私はもう八時半に職場に入らなければならなかった」

「歯科医は私に重要な道具を見せ、どのようにドリルは調整されているかなどを説明した。既に私の頭は騒々しい機械の前でブンブンといった」

「それから最初の患者が入ってきた。私は患者の左側に立ってナプキンを巻いて水をコップに注いだ。歯科医はアルコールランプに火をつけ、送風装置に高圧をポンプで送り込んだ。私は柄のついた鏡を炎で暖めなければならなかった。医師が患者の口からの息に邪魔されないためである。私は興奮してあまりに長く鏡にかざした。突然、ボスが私に怒鳴った。

『もう十分だ。さもないと鏡が割れる』」

「電光石火のように、私のなじみの鏡不安が私を襲った。鏡が細かく砕けるのを見てしまった。私は不運を背負い込んだ。そして同じ瞬間、どうしたら仕事を辞められるかを一生懸命考えた。治療中の歯を守るのに役立つ唾がかかる生ゴムを扱うことも、私にひどい吐き気を起こさせた」

一見すると、仕事を頻繁に変えることは正当化されているように見えるが、この少女は、彼女のライフスタイルを変えない限り、困難な勤め口を見出すであろうことを予想できる。歯科医のところでも彼女の注目の全体はどうすれば仕事を辞められるかということに向けられていることがわかる。その時、なじみの、一見忘れられていた鏡不安が起こる。「唾がかかる生ゴムを扱うこと〈も〉、私にひどい吐き気を起こさせた……」。神経症における有名な『それに加えて』である。

「最後につばが吐かれる真鍮の容器を運び出して煮沸消毒しなければならなかった」

「とりわけ私の手についた匂いに恐怖を感じ、昼間はほとんど何も食べることができなかった」

「二時頃に戻らなければならなかった。今や歯科医は私にどのように詰め綿で神経ブローチ（穴あけ錐）を巻きつけるかを説明し、それをきっちりと練習するように私に忠告した。彼の妻がもう一度出てきて、時間が十分あれば洗濯機を修繕する時に彼を手伝うようにいった。私は思った。あなたは待てるでしょう。他に何があるというの？　私は一日中立ち仕事をして、まだこれから洗濯機を修繕するというの？」

「これに続いて患者がたくさん押しかけてきた。でも、私が好きだった芝居に欺かれた。〔芝居では〕誰も歯を抜いてもらったりしなかった」

他の人の不幸に居合わせていることは、自分が劣っている、弱いと感じている人を刺激する。そこで多くの子どもたちは残酷である訓練をする。なぜなら、子どもたちは豚を殺す時に震えて立ち尽くすような軟弱さを恥じるからである。しかし、鍛えるために何度も繰り返し引きつけられると感じ、怖い物語などを何度も繰り返し聞いたり読んだりする。完全な専制君主もいつも臆病で意志薄弱者なのである。

「苦労して私は仕事を片付けた。夕方には家に帰り、二度と戻らなかった」

第十二章

「ティルデは私と散歩している時に、彼女の崇拝者から格子状のマンホールの蓋まで引っ張って行かれ、しっかり捕まえられた。その際、二人は笑いながら身体をくねらせた。不思議に思って、私はこれは一体どういうことなの、とたずねた。ティルデは答えた。

『マンホールの蓋の上に立つと男を手に入れることができないこと知らないの？』」

「私はすぐに耳を側立て、こう考えた。私はマンホールの蓋を踏むことにいつもこのような嫌な気持ち、それがよいことではないかのようなぼんやりとした感覚を持ってきたのは奇妙だ。今やそれがどういうことなのかついにわかった」

「ティルデが蓋のところまで引っ張っていかれ、その結果、私は男ができないという不安から、それ以来二人のことが好きではなくなった」

この嫌悪感は、明らかに彼女が自分が状況の中心にはいないと見たことに根拠がある。マンホールの蓋の考えは、自分が余計者だと感じるという致命的な考えから彼女を解放させることができた。それゆえ、われわれはなぜ論理的な議論が少しも彼女を怖れさせることができなかったかを理解できる。マンホールの蓋の考えには論理的に議論されることとは他の目的があった。そして、この他の目的のために、彼女は完全に正しく知的だった。私的知性対コモンセンス。この私的知性は、教育困難な子どもたち（「したくないから」）、今問題になっているケースにおけるような神経症者、精神病者（「電流に影響されているから」）、犯罪者（「主人がきれいな服を持っているのに私は持っていないから」）、倒錯者（「これは愛の文化のより高次の形だから」）、アルコール依存者、モルヒネ中毒者（「これがなかったら生きていけない」）、迷信的な人（「あることが幸運、不運をもたらすから」）などのあらゆる熟考の中に見られる。

「私はもはやこの秘密に満ちた連関を信じるしかできなかった。ぼんやりしたいい方だけが問題であるという既にはっきりとした証明を持つことができた時にも——私はリーナの友達のフィニーは繰り返しマンホールの蓋を踏むのを見たけれども、それにもかかわらず結婚した——、もはや考えを変えることはなかった」

「友達は私がいつもマンホールの蓋を避けて通ったり、その前でおびえて跳びすさるのを不思議に思った」

「悪臭が立ち上ってきた。私は臭いに耐えられなかった」

「私は若者の集まりでマンホールの蓋から逃げ出したのだが、一人の若者にすべてのことを説明した時、彼は私の目の前で蓋の上に立って、そこにしばらく立ち続けた。そのことが私には突然大変滑稽なことに見えたので、痙攣のように笑うところだった。しかし同時に、私は彼が気の毒だった。私は独り言をいった。彼は今や妻を娶るまで長く待たなければならない、と――わたしはそれは実際に真理に基づいていると考えた」

「ある時、私が降りるはずだった路面電車の停留所にマンホールの蓋があることに気づいた。そこで私はすばやく電車に戻り、一駅乗り過ごした。別の時、私は知人と一緒だった時に同じ場所にやってきた。彼女は私が目的地に着いていることを知っていた。私は一跳びして蓋を飛び越えるしかなかった。あらかじめこうしようと思っていたのに、私は足でそれに触れると想像した。私はすっかり生きるのが嫌になって少女に別れを告げて、家に帰って両親にいった。

『何か怖ろしいことが起こった！』」

「両親は怖れた。しかし何が問題になっているのかを聞いた時、笑いを抑えることができなかった。父は服を着始め、百回でも蓋を踏むことを約束した。私は泣きながら答えた。お父さんは〔私と〕同じじゃない、と――もう結婚して妻がいるし、だからもう怖れる必要はないのだから。リーナがそれを知れば怖がるだろう」

「リーナは実際平然として蓋の前に立ちはだかった。しかし、そのことは私を落ち着かせなかった。

私はむしろ改めて大声で泣き始めた。私は自分を責めた。リーナに男ができなかったら私のせいだ、と」

「蓋に近づくだけで、何らかの仕方でそれに触れているという想像をするだけで十分だった」

「私が狙いをつけている友達を皆気づかれることなく蓋のほうへ誘うことに成功して初めてしばらく楽になった」

「しかし、冬になり雪が降った時、私は注意してあえて通りへ出た。絶え間なく私は雪で隠された蓋のほうを覗き見た。夕方、突然、私はそれを踏んでいるかのように思った。

かっとなって絶望した私は、走って家に帰って怒り狂った。それから私は路面電車で不幸な場所へと戻って、そこに本当に蓋があるかを確かめた。よく思い出してみても、何も見つからなかった。ただ水たまりがあっただけだった」

「マンホールの蓋は私が外出をほとんど解くことができない問題にした。おそらく私たちの地域ではどこに溝があるかを正確に突き止めたと思うが、さらにそれ以上、外の地域では知らない危ない蓋がいっぱいあった」

「私は男の人と関わりを持つことを怖れているにもかかわらず、ずっと『老嬢』――その称号だけでも既に私を怖れさせた――のままでなければならないという見通しは、もっとも恥ずべき運命であると思えた」

「私は絶望し、世の中から逃避して修道院に入ることを考えた」

このマンホールの蓋不安は、彼女が未婚のままでいることから個人的な働きかけによって距離を取ることを助ける。彼女の自惚れと傲慢は救われる。誰も彼女に求婚しなければ、マンホールの蓋に責任があるということになる。似たような予防措置は、しばしばちょっとしたこと、例えば、石と石の隙間を踏んだり、階段を何段か飛び越えるなどに宿題ができなかったことの責任を負わせる子どもたちに見られる。ここから後になって、時折強迫神経症あるいは恐怖症が分かれてくる。ここで述べられているような子どもらしい迷信の領域におけるふるまいは、強い劣等感の持続、自分自身の力への信頼の欠如を明らかに露わにしている。無論、時折、迷信の領域で頭角を現す努力と並行して、普遍的に有用な面において成功する努力がされることもありうる。その時、良好な成功は良好な兆候に帰されることも稀ではない。ある患者が毎晩火の祈りをしなければ彼の妹が焼け死ぬという恐怖症の強迫観念に苦しんだ。しかし、彼の妹は火の被害を受けなかったばかりか、彼はいつも妹のことを考え、心配することになった。おそらくこれがこの強迫観念の深い意図だった。即ち、この親切な行為へ自分自身を強制すること（無意識！）である、これを彼はおそらく強制なしにも行い、意図した（意識的！）。無意識と意識が同じ道を辿るということは、容易に見て取ることができる。いずれもあらゆる抵抗に逆らって、彼の妹の心配をするという有用な面において優越性の目標に導かれている。マンホールの蓋のエピソードにおける別の傾向をわれわれは以前から知っているように見える。彼女の友人たちがマンホールの蓋を踏むことで、結婚のチャンスを奪われると彼女の心は軽くなるのである。

「私のマンホールの蓋不安にはさらに次のことも現れる。ある晴れた日、私は路面電車のＪ線とＪ２線は私にとって不運を意味していると想像し始めた。今や私がこれらの系統を利用することは、まったく不可能になった。どんなに天気の悪い日でも徒歩でその道程を歩くほうがよかった」

「ＪとＪ２はもっともタブーだった。それには今も乗らない。私が無条件で守っていたに違いない禁止からもっともっとひどい困難が生じたと考えられる。私はそれについてはたくさん話すことができるだろう」

「ある夜、私はＡ通りで長距離急行列車から降り、Ｈ線に乗り換えた。私は少し近視だった——電車がきたが、Ｈ行きだと思い込んだ。私はそれに乗ってすわった。突然、驚いたことにアルザー通りに曲がる代わりにリング（環状道路）を越えて行くことに気づいた。椅子から躍り上がり、案内板を見た——Ｄだった！　私は気が狂ったように飛び出して行って降りた。私はこの取り違えですっかり叩きのめされた。私は不運に不運を重ねたと思う。またもや私は修道院へ行こうと思った」

電車恐怖によっていかに彼女が行動範囲を狭め、目下の愛の課題を前にして、この問題における敗北からの逃げ道を探しているかがわかる。

「私はまず最初にアイロンで私が忌々しい電車の中で着ていた服の皺を取り除いた。そうすることで、悪しき魔法を解くためである。もしも私が金持ちだったら、身につけていたものをヘアピンに至るまですべて投げ捨てていただろう。しかし、不幸な服にアイロンをかけ、頭のてっぺんから足の裏まで洗い、反魔法をかけるためには貧しい悪魔で満足しなければならなかった。私はある数を次々に三回唱えた」

「それから私はある通りに足を踏み入れることができなくなった。そんな通りの側を通りかかった時、そこから空気を吸い込んで大量に流れ込んでこないように息を止めた。そして息をしてしまった時には、息を三回吐いて唾液で口をこすった」

「どの通りだったのか。今日なおその名前を挙げることを尻込みする」

「リーナは私が彼女をジックザックにある通りを引っ張り回し、絶え間なく回り道をすることを強いるといつもひどく怒った」

「家族にも忌々しい電車に乗り、私に逆らう通りを行くことを許さなかった。そして私がひどい目にあった時、家族は私に近づくことができなかった。そして、その際着ていた服はもはや着ることはなかった。たまたまそれに近づくと、私は悪態をついて激怒した。そして服を着たまま引きはがし、肺炎になって死ぬために全裸で窓のところへ行って、それから絶望してベッドに身を投げ出した」

ほとんど自殺企図に近い死の憧れが、愛の課題において恐れる失敗から逃れる解決の試みとして現れる。これはいつものように問題の解決に勝利する他のあらゆる道が閉ざされている時、ここでもまた排除傾向の行為である。想像力と普遍的に有用な方法を選択することによって克服し、共同体感覚によって劣等感を克服する代わりに、共同体から離れること、共同体の有罪判決とその上演、抵抗への復讐、そして自分自身の生と死に対する支配を体験する際に持つ虚構の優越感。これは意志薄弱者、希望を失った人の告白である。

乗り物恐怖と、それをどのようにこの少女が仕上げようとしているかが、彼女にまたもや家族と彼女の環境のもっとも弱い部分を支配する権利を与える。

「ある時、私はJ通りで買い物袋を持っていた女の人に軽く触れた。そして同じ瞬間、私は彼女はおそらく私が好きではない通りに住んでいると思いついた。実際そうなのか確かめるために、私は彼女の後をつけた。しかし、ついに彼女を見失ってしまった」

「J通りにある映画館にも私はもはや行けなくなった。たしかにそこには禁じられた通りの人たちがいた！　もっとも美しいプログラムももはや私の気をそそらなかった」

「たくさんのカフェ、しかも違った地域にあるカフェも私には非常にいやなものになったので、その側を通り過ぎる時に口と鼻を塞いだ。ある時、ヘレン通りにあるツェントラルフ・カフェの前でこのような仕方で自分を守ることを忘れた。後になって初めてどこを通り過ぎたのか、そして動いたカフェーハウスの回転ドアが私に不幸の風を吹きつけたことに思い至った。私は汚染されたかのように感じ、引き返し、家まで走り、私の帽子を投げ捨て、服をすべて脱ぎ、顔を石鹸で洗って口をすすいだ」

「私に嫌悪を催させる通りは家兎のように増えた。また私にはことごとくいとわしい区域もあった。この通りや禁じられた区域の人が私たちのところへやってきた時、ペストにかかっている人に関わるかのようだった。つまり、彼らの息が既に腐敗していて、彼らが触れるものはすべて感染しているかのように思えたのである。例えば、私は彼らの一人がすわった肘掛け椅子をもはや使わなかった。狼瘡の時のように、私が大切に保護したぼろぼろになった肘掛け安楽椅子だけが残った。誰かがそれにすわりたいというそぶりをしても、私がだめだといったので、あきらめなければならなかった。ピアノを弾くためには、それを自分で台所から運んだ。私の服も別の椅子の上に置かなければならなかった」

「ある時、母がグラーシュを作った。それは馬肉だったけれども、大いに楽しみにしていた。母がお皿に盛ってくれた時、母は偶然安楽椅子の肘掛けに腕で軽く触れてしまった。その椅子にはすぐ前に禁じられた人がすわっていたのである。私はひどく怒り、グラーシュにはもはや口をつけなかった。そのことについて母もまたひどく怒り、もう少しで深鍋を床に投げつけるところだった」

「私が憎んでいた人が使ったことがあるお皿、カップ、あるいは食器に私はもはや触れることはなかった。これらのものを母は他の食器類から離して特別の場所に保管しなければならなかった。それがいつも私にはタブーであることがわかるようにである。狼瘡の時のように、自分の食器で自分のお皿に入れて食べることが再び私の習慣になった。そこで、私が好きではなかった誰かや、あるいは私の親戚の一人が私にとって不快なものに触れたり使ったりして、いわば汚した後で私のものに触れたら、私はもはやそれに触れることはなかった。母は新しいものを手に入れなければならなかった」

「土曜日の夜、ある出来事が起こった。それによって私の食器が台無しになった。私はすぐに激怒し始め、母親を罵った。なぜなら、母は注意を払ってなかったからである。店はもう閉まっていた。別の食器を買うことは不可能だった。とうとう母は隣人からフォークを借りることになった」

「私が嫌っているもの、あるいは、私が怖れている人――母もそこに属しているかもしれない――に直接触れることを避けるために、私は部屋にこもった。しかし、ここで私にはあたかも私が彼らに帰する悪しきまなざしが壁を通って入ってきて、私に不幸をもたらすかのように思えた。そこで、私はベッドに入って、毛布の中に潜り込んだ」

「私はある通りにもはや足を踏み入れなかった。それは大抵J通りにそってあった。母にももはやそこで買い物をすることを許さなかった。母がそのような店で食料品を調達したのではないかという疑いが生じた時は、手の込んだ質問を浴びせかけ、探偵のように罠を仕掛けた。私を騙したことがわかると母をひどく罵り、狂ったようにふるまった」

「禁じられた人、あるいはそのような場所とのどんな接触の後も、私は身体を洗った」

この最後の恐怖が洗浄強迫へと導いたに違いないと推測できる。それほど大変な精神障害ではない。目標を達成するために知的な選択をしていることは、この患者の知性を証明している。

この少女は、またもやこの洗浄強迫において優越しているように見える。彼女だけが彼女の世界においてただ一人清潔な人であり、他のすべての人は不潔だからである。ここでもまた意識と無意識の並行が見られる。即ち、無意識においては、いつも甘やかされた子どもに見られる安直な仕方での優越性の追求が、意識においては、ただ他の人の不潔を嫌悪している。しかし、この時、自分では注意を向けることなく、自分が唯一清潔で優越していることが示されている。もしも誰かがそのことについて語れば、彼女は否定はしないだろうが、何度も繰り返し、苦痛についてしか話さないだろう。われわれは、彼女が他の人の不潔によって苦しめられれば苦しめられるほど、それだけ彼女は清潔になるということを理解している。

「私は頻繁に身体中を洗った。床に落としてしまった石鹸は二度と使わなかった。両親とリーナも、その石鹸で身体を洗ってはいけなかった。そこで、私たちのところには滑り落ちた石鹸がたまった。私は既にもはや着ることができなくなったたくさんの衣類を持っていた。そのいくつかは母が着たが、それを着て私に近づいてはいけなかった」

「家では私は古い破れたダーンドゥルをいつも着ていた。それは擦り切れた緑のスカートと私にはあまりに窮屈なブラウスからできていた。ボヘミア風のスリッパを履いていた。それを私はずっと脱がないでいたかった。そこで、私はシンデレラのように、台所の隅で私の先祖伝来の椅子にすわった。それは錆びついた釘のついた壊れた肘掛け安楽椅子で、私の前には私が悪魔に願い、それがただあることが既に不運を告げているように見えるすべてのものがあったが、これらすべてのものはいまいましい通りと地区に住んでいる人による接触によって魔法をかけられていたものだった。しかし、外では彼らの悪しき魔法によってマンホールの蓋の格子、通り、家、ガスすずらん街灯、カフェ、路面電車、店——危険が脅かした。いたるところで災難、破滅が……」

「私は並外れて遅く生理がきた」

「私の友人は皆とっくに生理がきていた。例えば、オルガは十四歳の時だった。そのことを私はよく覚えている。ある日、彼女が内緒で目配せをして私の手を取った。そして彼女の部屋へと連れて行き、突然、スカートを持ち上げた。彼女のパンティーには赤いシミがついていた。

『これをどう思う?』」

「私はすっかり打ちのめされ、彼女に二週間後、私が既になっていると信じさせようと決心した」

「後になっても私は既に月経があると私の友人たちにいつも信じ込ませようとした。しかし、一年が経ち、またさらに一年が経った。月経はこなかった」

われわれは月経がこないのはおそらく生得の、この時期にはまだ克服されていない性腺の弱さに原因があるとしなければならないだろう。それは身体的なものにも現れたであろう。

勝利としての性腺の機能！　これはおそらく神経症の場合、どれほどあらゆる衝動と機能が誤用されるかを十分はっきりと示している。

「それで両親は非常に心配し、医師の診察を受けさせた。医師は熱い湯につかることを処方した」

「十七歳になって初めて月経がきた時、私は父のところへと走っていってそのことを伝えた。父は大喜びして私を抱きしめて、叫んだ。『おまえはもう子どもじゃない！　お祝いしなくては！』」

「そして夜、夕食の席で私の最初の月経が祝われた」――

「私はしばしば悪夢を見た。私が見た夢というのは、父か母が非常に重い病気になるというものである。泣きながら良心が痛んで夜中に目が覚め、なかなか眠れなかった。そして、眠れずに寝床の中で輾転反側する間に、私は私が変わり、両親の仕事の負担を減らし、父の用足しをし、母の家事を手伝おうと決心した」

ほとんどすべての子どもが死や重い病気の夢を見る。これを性急に死の欲求と解釈することは月並みで、ありもしないことに事柄をなすりつける心理学の特権である。時にそれは正しい。しかし、われわれは、夢の中で起こる感情がそのことの証明になり、とりわけ夢を見る人のいつもの態度がこのような解釈を正当化する時にだけ、このような解釈をするだろう。このような死を欲求する動きが時折、両親に対する敵対的な態度にもかかわらず、このような夢が強い圧迫と悲しみのもとで進行する時に緩和されることが見られる。これは、子どもの親への闘いが、現れる死への思いをはっきりと固定するところまでは進んでいない兆候だろう。

しかし大抵はこの夢ははっきりと私の両親が死んだらどうなるだろうという未来への予見の線上にある。

われわれのケースにおいては、この少女が彼女の将来に不安を持っていることは明らかである。彼女は両親を彼女の支配感情のために必要としている。そして、彼女は次にしばしば繰り返される夢は昼間は何の印象も残さないと強調するけれども、夢の中で生み出された気分とそれがしばしば繰り返されること――はっきりとした感情の訓練――が両親への態度を和らげたことは疑いない。したがって、この夢はある程度の共同体感覚と両親への関心によって特徴づけられる。

「しかし、朝早くすべてを再び忘れてしまった。昼、光、朝が私から不安な感情を洗い流した」

「怖ろしい苦しみも味わった。やっと十七歳になったばかりだったが、私にはぞっとするような歳に思えた。私は自殺するのが最善ではないかと真剣に考えた。というのは、歳月はあっというまに過ぎ去り、不幸が大股の歩みで近づくからである」

「私は誰にも私の歳を話さなかった」

「とりわけ眠る前に、いつもこのような考えが私を襲った。時々眠りからはっと覚めた。私の歳を思いこんなことを思った。『初めてこの世界にきたのなら、どんなにすてきだろう！』」

こんな歳にもなって不滅のために何もしていないというわけである。

ここに属している思考は明らかに愛の課題に言及している。その課題に彼女は過剰な支配欲のために準備ができているとは感じていないのである。

それから子ども時代の初期の天国のような時代を回顧する。その時、彼女は甘やかされていて、事実無制限の支配力を持っていて、どんな新しい課題にも直面しなかった。

「父は既に長年心臓を患っていた。五十九歳の時、突然病気が悪化した」

「父はしばしば夜中にベッドから飛び起き、窓のところまで行って、息をしようともがいた。昼間もしばしば呼吸困難に陥った。やがて父は働くのをやめ、母に通りへと連れ出されるようになった」

「以前は父は仕事をしている間、決して少しの間も休みを取らなかった。今やいつも食後は一時間部屋に戻って休むようになった。父は次第に家族へのあらゆる関心をなくしたように見えた。ただ時々、私のことが心配だと嘆いているのが聞かれた。私は子どものように先のことなど考えずにぶらぶら日を送った。そのうち家にはお金はなくなった。父はそのことを感じ、もはや長くは生きられない、といった。しかし私は父の病気が深刻なものであることがわかっていなかった。父が死ぬなんて考えたこともなかった」

「やがて、父は自力で立って歩けなくなった。リーナと医師が父に注射をしなければならなかった。その後、父は元気になった。しかし、このような改善は長くは続かなかった」

「不安でいっぱいの父はベッドに横たわっていた。仕立業ができないことに我慢ができなかった。

休暇を取った姉は、父の介護をし母と交代で父の側で起きていた。私はいつも十一時まで起きていたが、疲れには勝てず、寝に行かなければならなかった」

「寒さを防ぐために父は広い灰色のショールを巻いていたが、それは不幸なことに私が断じて触れることがなかったであろう地域で作られたものだった。私は母に何か別のものを使うように頼んだが無駄だった。母はまさにこの布地がもっともいいと考えたのである。そこで、私はもはやしたくても父を抱いてキスすることができなくなった。私はその上、父に近づくことすら怖れた。私は、他にどうすることもできなかったにもかかわらず、後になって大変悔いた」

「ある時、父は回復するように見えた。私たちは父を安楽椅子にすわらせた。父は私に若い時の楽しい悪事の話をした。皆、笑い、一からやりなおしたいと思い、生まれたばかりのように感じた」

「しかし、翌日にはもうベッドに横になって、半ば眠ってばかりになった」

「私はしばしば浅い眠りの中で、近づいてくる人の手の動きを見た。ある夜、父は突然立ち上がり、台所にある仕立て台までよろめいて行き、震える指でスカートをつかんだ。私たちは父を元の場所に連れ戻さなければならなかった。父の足は既に腫れ上がっていた」

「両親はずっと結婚しないでいた。母は私が非嫡出子のままであることが頭から離れなかった。私は後になって初めて知ったのだが、医師は母に父の状態について今や疑いを抱かせなかった。母は最悪の事態に備えて準備し、オルガの母親であるカルプカさんと相談した。カルプカさんはすぐに牧師館へ走った。そこですぐに結婚すること、しかもその日の夜八時に可能であり、そのために必要なのは医師による確認書だけだった」

「それもすぐに手に入った。しかし、父には差し迫った結婚のことは話さなかった。そのことが母の心に重くのしかかった。母の次のような言葉を思い出す。

『お父さん、ねえ私たちまだ結婚してないのよ――そうしたらクララと一緒になれるのよ？』」

「父はまったく関心を示さず時々『うん』といって、皆に頷いた」

「結婚式がその日のうちに行われ、私も同時に戸籍に名前が記入されると聞いた時、苦痛にもかかわらず嬉しかった。ついに――私はすぐに十八歳になろうとしていた――父の名前を得て、マハトと呼ばれると」

「以前は私はいつもこの名前をただ装っていただけだった」

「蝋燭を二本買い、年老いた敬虔な女性である隣人から十字架を借りた。聖水を手に入れ、白い布を用意した。皆大いに興奮していた。私は身体全体が震えた」

「八時きっかりに、牧師が証人の役目を同時に果たさなければならない教会世話係と一緒にやってきた。

「式の間、リーナと私は台所にいた」

「立ち去る時、牧師はリーナと私に話しかけ、彼のところに懺悔するためにくるよう求めた」

「儀式は父を大いに興奮させた。父もまた懺悔し、終油の秘蹟を受けなければならなかったからなおさらである。母は父にそれほど悪くはないということを信じさせようとした。疲労困憊した父は、既に何もかもうまくいっている、今後は牧師にはきてもらわなくていいとだけささやいた」

「その後数日、私がミーナのところにいた時、母が入ってきて悲しそうに父はよくないので家に帰ってきたほうがいい、といった。カルプカさんが私たちについてきてくれた」

「父はベッドですわったまままどろんでいた。私は静かに父の側ですわっていた。父は苦しそうにゆっくりと息をした。私はそっと台所に行った」

「時々、母は私の部屋に入ってきた。私は医師が母に父は夜を越せないといったことを知らなかった」

「突然、私は母が叫ぶのを聞いた『お父さん、お父さん！』」

「私は部屋に入って、なお父が振り返るのを見た。リーナは父を抱きしめた。父は最後の息をした。私は父に向かって身を投げ出し、父に繰り返しキスをし、呼びかけ、許しを請うた。私は父から離れたくなかった。リーナは私をそっと連れ出さなければならなかった」

「台所で突然私は気分が悪くなり、吐いた」

われわれはここでまたもや彼女が興奮すると胃や腸の障害で反応するタイプに属しているのを見る。このような共感と反感の道で、時折副交感神経システムの強い刺激（器官劣等性）の結果としても成立するタイプの現象の理解と治療のために一言いうならば、次のことが付け加えられるだろう。即ち、このような人の精神構造におけるこれらのケースの刺激の源泉はライフスタイルにあるのである。このケースにおけるように、患者の強い欲求の結果、精神の緊張が高まることが見られると、ライフスタイルの全体が着手され変えられなければならない。これは人が自分の共同体感覚を強化することによってだけ起こりうる。というのは、これが起こることに応じて、私的知性はコモンセンスに変わり、自国にいて人生の課題にそれのあらゆる長所と短所をも含めて満足することになる。そして、もはや敵国の中に生きていないので、不安をなくし、以前ほど他者の思わくの中に自分の価値を見出さない。自分は人生の有用な面において価値ある人間であると感じ、強い劣等感は、有用な行為への動機として用いられるところまで減る。

「部屋の窓が開かれ、蝋燭が点された。私たちは台所で並んでうずくまり、泣きながら看病した。カルプカさんが帰ると隣の人が交代するためにやってきた。夜明けに私たちは横になった。私たちはもう寒くて足がこわばっていた」

「次の日、目を覚ますと、胸苦しい気持ちがした。私は父のところへ行き、父を撫でキスをし毛布を整えた。父は非常に穏やかに見え、死んでいるようには思えなかった」

「夜になると、男の人たちが棺を持ってやってきた。父を中に入れると、すぐに運んでいった」

「家では眠ることができず、何度かカルプカさんのところで徹夜した。母は父が死ぬ前二晩、幻想の中でのように、骸骨を見たと話してくれた」

「墓地付属聖堂で最後に父を見た。父の身体は変わっていなかった。私は父が死んだとはいまだに信じられなかった。私はそこに立ち、父が目を開けるのを待った」

「私は絶え間なく父の仕事机を見ないわけにいかなかった。私は父が死んだことを理解できなかった。ひょっとしたら、仮死状態なのではないかという考えが浮かんだ」

「母と私は部屋に閉じこもった。土曜の夜、部屋の鍵が二つに折れた。日曜の朝、私たちは部屋を開けることができなかった。母は窓から管理人を呼び蝶番を外してもらおうとし、可能な鍵をすべて試した。しかしどれも合わなかった。最後にそれでも錠前師を見つけることができた」

「私は父のことがひどく気遣われた。絶え間なく泣いた」

「しばしば夜中に飛び起きた。私は息ができなくなり、死ぬほど悲しくなった。そんな時は母を起こした」

われわれは父と別れることがいかに大変だったかと少女に共感できる。それでも父親は生涯彼女が勝利をその上に築いた台座だった。今や、母親がふさわしい限り父親に代わらなければならない。

「口輪をした犬が私をつつき、鼻を私に向けた。その時、途方もない匂いを感じた。そこで、私は明かりをつけ出血してないか、あるいは怪我をしてないか確かめた。しかし、どこにも怪我をしてなかった。この夢はしばしば繰り返された」

「私はしばしばベッドの足元に髭のある背の高い人が立っているのを見た――そして死ぬほど驚いて、目が覚めた。実際にいたかのように彼をはっきりと見た」

「それから、花がゆっくりと高く登っていき、私の方に近づくのを見た。一つ一つの花には指のように五つの葉がついていた。私は不安で一杯になって目が覚めた」

この三つの夢は、彼女の思考と回想から子細に説明をすれば、おそらくはっきりと理解できるだろう。ともかく。われわれは二つの重要な支点を持っている。われわれは彼女の歩き方、彼女を圧迫する問題を知っている。そして、彼女の夢から生じる気分を理解できる。彼女の夢は、正しく理解されれば、彼女が論理とコモンセンスから離れ彼女の優越性の目標へと渡る橋のように使っている道を示している。そして同じ方向で、夢から発する気分を示さなければならない。

最初の夢について。この少女の人生における目下主要な問題が愛の課題であることがわかる。彼女の目標は、いかに男性との結びつきを逃れるかということである。彼女の夢に登場する犬は男性のことであると確かに仮定できる。われわれはこのような高められた無価値化傾向を夢の中でしばしば見出すことができる。この少女は愛の歴史のより早い段階で無価値化傾向をはっきりと示しており、先にも見たように、時折男性を犬と呼んだように、われわれがこの仮定に到達することを困難にはしない――口輪はいささか混乱させる。しかし、彼女がいつも男性に口輪を当て、男性に悪ふざけをし、危険を閉め出し、何とかして結末を回避する努力していたことを思い出せば、われわれの注目は、彼女の「はい……でも」は「はい」に強調が置かれているが、それでも同時に「でも」にも強調が置かれていることにより多く向けられている。というのは、眠っている間とその後の気分に表れるような苦痛と、怪我をし出血するのではないかという不安は、すべての事故予防装置も彼女に不十分なものとして現れているという解釈に余地を与える。

二つ目の夢も同様にしばしば繰り返されるが、次のところまでは仮定できると結論づけられる。即ち、彼女は夢の気分の中で男性の近くにいるということである。男性は——用心のために——すぐに好感を持てるようには描写されていない。この男性をここで同定することは可能ではない。それでもこの二つ目の夢は、最初の夢から引き出された推論をある程度証明する。

三つ目の夢は多義的である。ここではただ状況が手がそれに伸ばされるように叙述されていることを仮定できるだけであろう。ここでもわれわれはまたもや甘やかされた子どもであるこの少女の人生を十分特徴づける不安の差し迫った接近とそれが特定の意図を持って発生することを見る。

訳　注

第四章

（1）見かけの因果律。本来因果関係のないところに因果関係があるかのように見なすことである。過去に経験したことが今自分が生きづらいことの原因であるという人はあるが、実際には同じことを経験したからといって人が皆同じ経験をするわけではない。暗闇を怖れる子どもは、暗いから、一人では寝られないといいたい。しかし、暗闇は一人でいる時に不安になることの原因ではない。母親がきてくれればたとえ明かりがつけられなくても子どもは満足する。もちろん、暗くても一人で眠れる子どものほうが多い。

第六章

（1）人間知（Menschenkenntnis）とは、人を見る目というような意味で使われる言葉だが、アドラーは、これを自分や他人についての知であり、他者との関係から離れたものではなく、実践的に、生きることとの現場において習得されるものと考えている。

（2）ヘカベーはトロイのプリアモス王の妃。夫の死を嘆くヘカベーを演じる役者の迫真の演技をハムレットが評して語った言葉。

（3）イプセンの戯曲『ヘッダ・ガーブレル』の主人公。将軍を父に持ちプライドが高いが嫉妬心も強い。

第七章

（1）ハリュス河は、栄華を誇ったリュディアの王クロイソス（前五六〇～五四六年）の時代、リュディア王国とペルシア帝国を分割していた。クロイソスは、ペルシアと戦うにあたり、戦えば一大帝国を崩壊させるという神託を得、ハリュス河を越えてペルシアと戦ったところ負けてしまった。神託の中で語られた一大帝国とは、ペルシアではなく、リュディアのことだったのである。アドラーが、ハリュス河を越えないとここでいうのは、危険を冒さないということである。

第九章

（1）皮膚の慢性潰瘍性病変だが、伝記作者が怖れているように人に感染することはない。

第十章

（1）旧約聖書の『ヨブ記』を指している。ハンセン病は完治し、その感染力はきわめて弱い。狼褥もハンセン病もこれが実際に感染するかどうかは少女にとって重要ではなく（実際には感染しない）、感染することを怖れることを理由にして、対人関係の中に入っていくことを拒んだというところがポイントである。

第十一章

（1）du は親称で、通常の Sie と違って、家族や親しい人に対して使われる。ここでのように男女が相手を du を使って呼びかけることができるためには、二人の親密度が増し関係が近くなったという合意がされなければならない。

（2）ウィーンは二十三区に分かれている。

解　説

本書は、Alfred Adler, *Die Technik der Individualpsychologie I Die Kunst, eine Lebens-und Krankengeschichte zu lesen*, Fischer Taschenbuch Verlag, 1974（Original: 1928）の全訳である。

本書の成立

本書は、国際個人心理学協会のウィーン支部で行われた連続講義がもとになっている。個人心理学で行われる治療の実際、そしてその基礎となる理論を、ウィーンの一女性によって書かれた伝記を少しずつ読み解くという形で明らかにしようとしている。

アドラーは一度もこの自伝を書いた女性とは会ってない。十八歳の時、父親が病気で亡くなるところで話は終わる。その後にも続きがあったのかどうかはわからない。早くに父親を亡くすということを別にすれば、伝記に登場する少女が格別他の同年代の少女と異なるとは思えない。仕立屋の娘の日常の生活の様子からは、アドラーが生きた時代の雰囲気、とりわけアドラーの診療所があったウィーンの下町の雰囲気を感じ取ることができる。

アドラーはこの少女の伝記を読み解く際、自分自身の子どもの頃に言及している。少女の話によって呼び起こされたアドラー自身の子ども時代の叙述は詳細で活き活きとしている。読者もアドラーと同じく少女の話を追っていく時、自分自身の人生と重ね合わせることになるだろう。

カウンセリングの方法

本書ではアドラーが少しずつ伝記を読み、解釈している。実際のカウンセリングと違って、クライエントからの発言はないが、アドラー派のカウンセリングや診察で行われる通常の方法に近い（ただし、カウンセリングや診察では解釈についての理論的な説明や他の類似したケースへの言及がされるわけではない）。実際には、最初から最後まで話を聞き、すべての情報を得た上で、解釈や診断をするというのではなく、話を少し聞き、そこからクライエントの語る言葉を解釈をしていくのである。事実関係はもとより、与えられた情報から下される解釈はすべて暫定的なものなので、新しい情報が得られたとか、クライエントがカウンセラーの解釈を拒む場合は、それまでの解釈を撤回し、新しい解釈を提示する。その際、必ずクライエントの同意を得ながら、カウンセラーとクライエントが協力してカウンセリングを進める。

本書の場合はクライエントからの訂正はないので、時にアドラーが勘違いしていると思える箇所がある。また、語られている出来事が何歳の時のことなのかがわからないことがあるが、語られることが事実と違うことも含めてカウンセリングではそのことはあまり大きな問題にはならない。

治療の実際

さて、もしもこのウィーンの少女が診察やカウンセリングを受けるとすれば、伝記の中で次から次へと詳細に語られる強迫神経症を主訴として、症状をなくしてほしいというだろう。その依頼を受けて症状が起きるようになった時のきっかけや背景を聞くだろうが、過去に遡ってその原因をたずねることはしない。過去に経験した何かの出来事、あるいは一度きりではなくても、長年にわたって親から受けた教育などが原因となって、そのことが目下問題になっている、例えば強迫神経症が起こっているとは考えないからである。

　何かが原因となって神経症になったという見方を原因論という。本書で問題になる強迫神経症が起こることになった原因が過去の出来事や自分がかつて、あるいは目下置かれている環境や状況にあると考える人は多い。原因論の問題は、過去に今の問題の原因があるのであれば、過去に戻ることができない以上、問題はなくならないということと、環境や状況は多くの場合、容易に変えることができず、それが他者であるというのであれば、自分は変えられても他者を変えることはできないか、もしくは困難であるということである。それにもかかわらず、原因論を支持するのは、目下の問題の責任を免れたいからである。その意味について少しずつ明らかにしていく。

アドラーはこれとは違った見方をする。知りたいのは過去のことではなく、今の対人関係と、自分自身と世界（他者）をどう見ているかということである。それを知りたいのは、症状が向けられる「相手役」がいて、その人との対人関係の中で達成したい何らかの必要があって創り出されると考えるからである。症状があることで何かの目的を達成しようとしていると見る。これを先の原因論と対比して目的論と呼ぶ。

他者の支配

それでは症状は何を目的とし、その症状によって何を達成しようとしているのだろうか。夫と出かける前に決まって二時間手を洗わずにはいられない人がいる。この洗浄強迫の症状はこの人の夫との関係の中で、妻がそれによって何かを達成するために必要な症状であると推測できる。夫は忍耐強く妻が手を洗い終えるのを待つことができるのである。夫はそれほど優しいといえなくはないが、妻が長い時間待たせるという形で夫を支配しているというところがポイントである。妻の洗浄強迫の相手役は夫であり、その症状を妻は夫を支配するという目的のために創り出すとアドラーは考える。

　また、例えば、絶えず不安を訴える子どもは、常に親の注目を自分に向けることに成功する。このような子どもは、どんな場合も自分が中心にいなければ満足しない。病弱な子どもも親は放っておけない。このようなことがあると親は子どもが自分の責任で取り組むべきことも子どもに代わってしてしまうことになる。甘やかされた子どもはいつも親の奉仕を当然のことと考えるようになる。親以外との関係においても自分が他者に何かをすることではなく、他者が自分に何をするかだけが関心事になる。自分に奉仕するまわりの人を支配し、自分の期待を満たさない人を自分の「敵」と見なす。

人生の課題から逃げるために

　症状はまたアドラーがいう「人生の課題」から逃がれるために使われる。人はこの世界で一人で生きているのではない。人は長じるにつれて、様々な対人関係の中に入っていかなければならず、それを人は本来は回避することができない。それにもかかわらず、何らかの理由を持ち出してそこから逃れようとするのである。

　本書の少女は、彼女の年頃であれば関心事であるに違いない異性との交友も回避したいと思う。愛や結婚を避けようとし、さらには女性の役割を拒む。そのようになったのは、親の不幸な結婚生活を長く見聞きしてきたからであるといいたいだろうが、それが原因で結婚しないでおこうと決心したのではなく、本当のところは、まず結婚しないという決心があって、親の結婚生活を理由にしているに過ぎない。

なぜこのようなことになるかといえば、自分が好意を持っている人に思いを打ち明けてみてもそれを受け入れてもらえるとは限らないが、そのようなことは自尊心を傷つけることであり、敗北であると考えるからである。そこで、そのような敗北を喫しないために最初から人と関わることを避けるのである。しかし、このためには自分も他者も納得させる理由が必要である。それが次々に持ち出される強迫神経症である。

ライフスタイルの改善と共同体感覚の強化

その意味で、症状は人生の課題を回避するために必要なのであるから、症状だけを除去してみても、他の、多くの場合、より厄介な症状が現れることは必至である。そこで、治療の目標は症状の除去ではなく、神経症を必要としないようなライフスタイルを身につけることがカウンセリングの目標となる。

アドラーは、治療のためには「ライフスタイルの全体が着手され変えられなければならず」、このことは「共同体感覚を強化する」ことによって可能である、といっている（二三五頁）。ライフスタイルと共同体感覚は共にアドラー心理学の鍵概念だが、本書ではそれがどういう意味なのかは詳細に論じられていない。アドラーは、今引いた箇所のすぐ後で次のようにいっている。

「（共同体感覚が強化されると）私的知性はコモンセンスに変わり、自国にいて人生の課題にそれのあらゆる長所と短所をも含めて満足することになる。そして、もはや敵国の中に生きていないので、不安をなくし、以前ほど他者の思わくの中に自分の価値を見出さない。自分は人生の有用な面において価値ある人間であると感じ、強い劣等感は、有用な行為への動機として用いられるところまで減る」（同頁）

ライフスタイルは自分やこの世界をどう見ているかということである。このライフスタイルは無意識に身につけられたものなので、それを指摘することが治療につながる。過去のことをたずねるのは、過去に今の問題の原因があると考えるからではなく、昔も今も相手を変えて同じことをしていることを知るためである。

次に、共同体感覚が強化されれば、まず「私的知性」は「コモンセンス」に変わる。自分や世界をどんなふうに見てもいいはずなのだが、それが自分にしか通用しないのは問題である。もしも人が一人で生きているのであればそれでもいいだろうが、実際には人は他者と共生しているのである。アドラーがいう共同体感覚というのは、それを表す原語の一つの Mitmenschlichkeit からわかるように、人と人（Menschen）は敵対しているのはなく、結びついている（mit）と見ることである。他者との関係をそのように見ることが共同体感覚の前提であり、それをコモンセンスと捉えるのである。

アドラーは本書の別の箇所で、共同体感覚を「あまりに高められた自分自身への関心」と対比している（一九八頁）。これが私的知性、あるいはプライベートセンスの内実である。反対に、共同体感覚は、人が他者と結びついていると考え、その他者に関心を持つことを意味する。

ところが神経症者は他者に関心を持たず、自分にしか関心がない。その上、他者を敵と見なし、先の引用では「敵国の中に生きる」。このような人は、他の人と関わることができない。神経症者は、まわりの人が敵だから人と関わることができないというだろうが、これは本当ではない。人と関わらないことを正当化する原因として、まわりの人が敵であるということを持ち出すのである。外に出て行こうとする時の不安や強迫的な行動も、実際には外へ出たり、人と関われないことの原因なのではなく、外に出ない、人と関わらないという目的がまずあって、そのための理由は何でもいいのである。外に出られないのではない、外に出たくないのである。

勇気・貢献感

人生の課題から逃げないで課題に直面するためには勇気がいる。本書でアドラーは勇気を「完全な共同体感覚の一面」といっている（一九八頁）。共同体感覚のある人は、人生の課題に直面する勇気を持っている。ところが大抵の人は、勇気をくじかれており、できれば人と関わりたくはないと思う。他者とのトラブルを回避するため、ハリュス河を渡りたくはないのである（九八頁）。

そこで、カウンセリングの目標はこのような人が人生の課題に取り組めるという自信を持てるよう援助をすることである。これを「勇気づけ」という。他者については、他者は敵ではないので、「自国にいて……もはや敵国の中に生きていない」と思える援助が必要である。

また、前の引用の中に「以前ほど他者の思わくの中に自分の価値を見出さない」といわれているのは、他の人にどう見られるかを問題にしなくなるということであるが、自分のことをよくは見られていないのではないかと怖れる必要はなくなる。仲間（Mitmenschen）である他者は自分をそんなふうには見ないと思ってほしい。

共同体の中に自分の居場所があることを求めるということが、人間のもっとも基本的な欲求である。他者は自分を陥れようと機会を覗っている怖い敵ではなく、必要があれば援助してくれる仲間だと思えれば、ことさらに特別なことをしなくても、つまり、特別よくなってよく思われようとしなくても、問題行動をしなくてもいいことがわかる。そのように他者を仲間と見て、他ならぬこの自分自身を受け入れることができる人は対人関係を避けず、むしろその中に積極的に入っていけるようになるだろう。

そのことで他者から受けるだけではなく、他者に与え、貢献することができるようになる。自分が役立たずではなく、他者に貢献していると感じられる時、そんな自分を受け入れることができ、自信を持てるようになる。

まわりの人はそのように思えるように援助したい。多くの場合、この少女の家族がそうであったように、神経症や問題行動に注目してしまう。しかし、貢献に注目すれば、神経症や問題行動に訴えなくても注目され、自分の居場所を持てることを学べる。先に見た甘やかされた子どもについていえば、子どもを甘やかす親は、子どもが自力で解決する機会を奪い、そのため子どもから貢献感を奪うことになる。

この貢献感は何か特別なことをして初めて得られるものではない。自分が生きているということがそのまま他者に貢献することになりうると思えることから始め、神経症や問題行動などによって人生の有用でない面で他者からの注目を得なくてもいいと思えたら、人は必ず変われる。誰もが持っている劣等感すら、通常は人生の課題に直面しないための口実として使われるのだが、貢献感を知っている人は、それを「有用な行為への動機」として用いることができる。アドラーがいう器官劣等性（七五頁）は有用な方向に訓練される。自分は「人生の有用な面において価値ある人間である」と感じることができるようになる。劣等感と見えることも、人生の有用な面において活かされるはずである。

ただし、以上のことを当の本人が決心するのでなければ、前には一歩も進めない。自信を持てるように、短所であると本人が思い込んでいることを長所に置き換えることがあるが、短所があるから自信を持てないのではなく、自信を持たないために短所をことさらに見つけ出すのである。自信を持ってしまうと、人との関係に入っていかなければならないことになるからである。また、他者の思わくを気にかけないようになる援助をすることも、このような決心を促すためのいわば城の外堀を埋めるようなことである。人生の課題から逃げないでそれに直面しようと決心をすること、それを可能にする勇気を持てる援助をすることが、アドラー派のカウンセリングの基本である。そのための「技術」を本書を通じて学んでほしい。

今回も出版の機会を与えてくださったアルテの市村敏明さんに感謝したい。

二〇一一年五月一〇日

岸見　一郎

◆著者

アルフレッド・アドラー（Alfred Adler）

1870年―1937年。オーストリアの精神科医。1902年からフロイトのウィーン精神分析協会の中核的メンバーとして活躍したが、1911年に学説上の対立から脱退した。フロイトと訣別後、自らの理論を個人心理学（Individualpsychologie, individual psychology）と呼び、全体論、目的論などを特色とする独自の理論を構築した。ナチズムの台頭に伴い、活動の拠点をアメリカに移し、精力的な講演、執筆活動を行ったが、講演旅行の途次、アバディーンで客死した。

◆訳者

岸見　一郎（きしみ　いちろう）

1956年、京都府生まれ。京都大学大学院文学研究科博士課程満期退学（西洋哲学史専攻）。専門はギリシア哲学、アドラー心理学。著書に『アドラーを読む』『アドラーに学ぶ』（ともにアルテ）、訳書にアルフレッド・アドラーの『人生の意味の心理学』『個人心理学講義』『生きる意味を求めて』『子どもの教育』『教育困難な子どもたち』（以上アルテ）などがある。

個人心理学の技術Ⅰ〈新装版〉伝記からライフスタイルを読み解く
――アドラー・セレクション

2011年6月25日　初　版第1刷発行
2023年12月25日　新装版第1刷発行

著　者　アルフレッド・アドラー
訳　者　岸見　一郎
発行者　市村　敏明
発　行　株式会社　アルテ
〒170-0013　東京都豊島区東池袋2-62-8
BIGオフィスプラザ池袋11F
TEL.03(6868)6812　FAX.03(6730)1379
http://www.arte-book.com
発　売　株式会社　星雲社
（共同出版社・流通責任出版社）
〒112-0005　東京都文京区水道1-3-30
TEL.03(3868)3275　FAX.03(3868)6588
装　丁　Malpu Design（清水良洋＋佐野佳子）
印刷製本　シナノ書籍印刷株式会社

ISBN978-4-434-32749-0 C0011　Printed in Japan